넥스트 투어리즘
관광의 미래

초판 1쇄 인쇄 2021년 3월 19일
초판 2쇄 발행 2021년 4월 20일

지은이 윤지환, 이소윤, 김수정, 김영리, 이사희
펴낸이 최익성
편집 양수정
마케팅 송준기, 임동건, 임주성, 강송희, 신현아, 홍국주
마케팅 지원 황예지, 신원기, 박주현, 이혜연, 김미나, 이현아, 안보라
경영지원 이순미, 임정혁
펴낸곳 플랜비디자인
디자인 지선 디자인연구소

출판등록 제 2016-000001호
주소 경기도 화성시 동탄반석로 277
전화 031-8050-0508
팩스 02-2179-8994
이메일 planbdesigncompany@gmail.com
ISBN 979-11-89580-82-7 03320

넥스트 투어리즘

관광의 미래

윤지환
이소윤
김수정
김영리
이사희
지음

PlanB DESIGN 플랜비디자인

C. O. N. T. E. N. T. S.

들어가며

유례없던 코로나를 함께 겪고 있는 지금의 상황 속에서도 각자의 관점과 철학에 의지해 소그룹의 여행자들은 여전히 조심스러운 발걸음을 옮겨가고 있다. 매일 매일이 새로운 이슈로 가득한 지금 이 시점과 그리고 앞으로의 관광트렌드는 어떻게 흘러가고 또 변화될 것인가. 지금. 가장. 힙한. 10가지 트렌드를 여기 소개한다. 이 책은 윤지환교수와 '미래관광연구회'가 그동안 진행해온 '관광트렌드' 강의와 다년간 수집하고 분석한 데이터 등을 기반으로, 새롭게 재구성된 10가지 핵심이슈를 소개하고 있다. 각 챕터의 구성은 여행 행태의 완전한 변화Transformation에 집중하고 있으며, 일반인과 비전문가도 쉽게 이해할 수 있도록 쉽고 재미있게 구성하였다.

• 코빗트립

Covid 19 + Trip = Covid Trip

역사적으로 인류는 항상 감염병과 싸워왔으나, 이를 정복하지는 못하였다. 그렇게 2020년 차디찬 겨울날, 전 세계는 '코로나19'라는 새로운 감염병의 위협에 직면했다. 하늘길은 닫혔고 관광업계는 활기를 잃었다. 하지만 우리는 다시금 활성화 될 코로나 그 이후의 관광, '코빗트립'을 기대한다. '해외여행 가는 척'이라는 조금은 신박한 유람비행 상품들이 30초 만에 매진 신기록을 세우며, 포스트 코로나 시대의 관광인 코빗트립에 날개를 달아주고 있다. 4차 산업혁명의 스마트 기술과 코로나19가 가져다준 일상의 변화들 속에서, 우리는 오히려 예상치도 못했던 매력으로 무장된, 전에 없던 새로운 관광의 시대를 맞이하고 있다.

잊지 말자. 빼앗긴 일상에서도 봄은 찾아왔었다.

• 유트로

Youtube + Travel(Trend) + Video Log = Youtlo

방송 필수매체였던 TV는 이제 스마트폰 속 작은 거인에게 자리를 내주었다. 언제, 어디서나 원하는 콘텐츠를 만들고 즐길 수 있으며, 누구나 크리에이터가 되는 시대를 열어준 유튜브! 그 움직임은 여행의 모습까지 바꾸어 놓고 있다. 바야흐로 랜선으로 여행을 떠나는 신개념 관광시대가 이미 시작되었다. 유튜브 여행 영상은 총 3,060억뷰2013~2018년를 넘어섰으며, 그 중 여행의 일상을 고스란히 담아낸 브이로그Vlog의 점유율이 가장 높게 나타났다. 요즘 세상 중에서도 요즘 세상인, 유트로 세상! "유튜브의 치트키로 불리우는 '유트키'가 과연 유트로 세상에서도 치트키가 되어줄 수 있을 것인가!" 관광업계는 그야말로 선택의 기로에 서 있다. 오늘도 방구석 여행가들은 유튜브를 매개로 한 조금은 다른 방식의 세계여행을 떠나고 있다. 코로나로 인해 우울감을 느낀다는 코로나 블루[1]조차 이들에게는 전혀 다른 세상의 이야기인 듯하다.

유트로 세상, 그 '성공의 방정식'이 궁금하다.

1 코로나19와 우울감(blue)이 합쳐진 신조어로 코로나19 확산으로 일상에 큰 변화가 닥치면서 생긴 우울감이나 무기력증을 의미함

• 모빌루션

"Mobility + Revolution = Mobilution"

당신이 꿈꾸는 미래세계, 새로운 버전의 마이카는 과연 어떤 모습인가. 영화 제5원소의 한 장면처럼 미로처럼 얽힌 도로를 자율주행하고, 영화 트랜스포머의 한 장면처럼 위험천만한 상황에서 나를 안전하게 지켜주는 로봇시스템의 모습이라면 어떠한가. 어쩌면 이러한 상상들은 이제 우리 앞에 현실로 실현되어 가고 있다. 스마트 모빌리티는 우리가 꿈꿔오던 미래의 신기술을 실현해가고 있으며, 단순한 이동수단을 뛰어 넘은지 오래다. 우리는 이제 스마트폰 하나로 모든 모빌리티의 예약과 실행을 손쉽게 작동 할 수 있을 뿐만 아니라, 최종 목적지까지 도달하는 구간으로 불리는 라스트마일Last Mile까지 제공되는 놀랍고도 다양한 서비스를 선택할 수 있게 되었다. 게다가 특급호텔 부럽지 않은 초호화 캠핑카는 어떠한가. 자연으로의 언택트를 향한 소구점에 맞추어 신개념 공간으로 인식되는 프라이빗하고 독립된 차박여행이 가능한 SUV 시장은 미래세계의 모빌루션 시장을 앞당겨 놓았다. 이동의 즐거움과 동시에 극강의 편안함을 제공하는 스마트 모빌리티 산업의 성장은 기존 여행산업 안에서의 숙박과 이동의 개념을 완전히 새롭게 전환시켰다. 모빌리티 산업의 이러한 변화들은 우리의 여행을 보다 풍요롭게 드라마틱하게 만들어 주고 있다.

✈ 모빌루션, 모빌리티Mobility계의 혁명Revolution은 지금도 계속되고 있다.

• 마싸현싸, It's Mind Trick! Show yourself

"마음은 인싸[2]인데 현실은 아싸[3]"

인간관계의 피로감이 가져온 '관태기(關怠期)', 관계에 지친 사람들은 타인과 어울려 사는 삶보다는 오직 나 자신의 행복을 위한, '온전히 나를 위한 삶'을 선택하고 있다. 그러나 최근 자발적 아싸를 자처하던 이들의 여행 이정표가 이전과는 조금 달라 보인다. 분명 관태기에 지쳐 떠나온 여행인데, 혼자만의 여행을 표방하던 그들이 새로운 관계망 플랫폼에 관심을 가지고, 전혀 낯선 여행 동반자를 구하기도 한다. 무심하게, 시크하게, 분명 세상에서 가장 자유로운 영혼인 것처럼 홀로 떠나온 여행이었건만, 은연중에 새로운 인연을 기대해 보기도 하고, SNS 속 낯선 이들에게 자신의 리얼한 여행기를 친히 공개하기도 한다. 홀로 떠나온 여행을 인스타그래머블한 사진으로 인증하고, SNS 세상에서는 은근한 티내기가 한창이다. 그들은 일상에서의 나 자신과 SNS 속 또 다른 내가 동시에 공존하는 것이 익숙하며, 현실친구와 SNS 친구는 전혀 다른 의미로 인식되기도 한다. 아이러니하게도 이렇게 이중적 모습이 공존하는

2 조직이나 무리(모임) 안에서 다른 이들과 잘 어울리는 친화력이 좋은 사람을 의미. '인사이더(insider)'의 줄임말

3 조직이나 무리(모임) 안에서 어울리지 못하고 혼자 지내는 사람을 의미. '아웃사이더(outsider)'의 줄임말

새로운 여행법을 선택한 이들. 어쩌면 이들은 그 누구보다도 인싸였지만, 현실에서는 조금은 더 자유분방하고 시크한 아싸를 동경했던 것은 아니었을까.

그들의 가면 뒤 모습을 들춰 보았다.

• 렉티비티

"Leisre + Activity = Lactivity"

렉티비티는 더 이상 여행지에서의 옵션이 아니다. 관광을 위한 선택사항으로 취급받던 렉티비티 업계의 변화가 그야말로 드라마틱하다. 여행을 떠났기 때문에 한번쯤 시도해보는, 의무감이나 시간 때우기 식의 렉티비티가 아니다. 이제는 정반대로 바로, 렉티비티를 하기 위해 여행지를 선택하는 시대가 왔다. #혼자서핑 #혹은 #짚라인 #도전 #인증샷 #때문에 #기꺼이 #오늘의여행지를 #과감히 선택하기도 한다. 자연에서 즐기는 클라이밍 등 액티비티한 야외활동 뿐만 아니라 실내에서 즐길 수 있는 실내서핑 등의 다양하고 기발해진 레저활동은 공간적 영역을 구분짓지 않으며 그 영역을 확장해 나가고 있다. 클라이밍, 볼러딩 등의 이색적 취미뿐만 아니라 새롭게 주목받는 다양한 복합스포츠체험공간들이 늘어나고 있다. 그리고 #운동하는여자 #오늘하루운동 등의 새로운 키워드들과 자발적으로 선택한 지금의 세상힘듬을 너도나도 광고하고 싶어하는 시대의 변화들. 더욱더 새롭고 탄탄해진 신개념 렉티비티의 세계를 여기 소개한다.

서핑을 위해, 이번 주말 양양으로 고고?!

• 플렉스 시니어 Flex senior

내 나이는? no problem

과시하다, 뽐내다의 뜻을 가진 '플렉스Flex'라는 단어는 더 이상 젊은이들의 전유물이 아니다. '내 나이가 어때서?'도 아니다. '100세 시대, 인생 제2막, 이제부터 시작이다. 나는 충분히 젊다.' 나이를 잊고 활기찬 삶을 살아가는 시니어들이 증가하고 있다. 여기에 더 나아가 자신을 위한 투자는 물론이고 해보고 싶은 일에 과감히 도전하며, 이러한 나를 자랑스럽게 여기는 시니어 세대! 내 인생의 마지막 노후에 플렉스! 해버리는 시니어들. 바로, '플렉스 시니어'의 등장이 눈길을 끌고 있다. 은빛 머리만큼이나 반짝반짝한 소비시장의 샛별, 플렉스 시니어의 등장과 함께 관광산업을 포함한 다양한 산업에서는 '플렉스 시니어 시장'을 차지하기 위한 움직임이 빨라졌다. 어쩌면 여느 세대보다 더 나은 경제력으로 무장했으며, 자신이 이루고 싶은 일에 과감하게 플렉스 하고 마는 당당한 시니어들. 이들의 행보와 이에 발맞춘 시장의 변화에 주목하자!

명심하라. 오늘의 노인은 어제의 노인과 다르다.

· 집사견일체

It's not just a pet, Now "Pet family"

'개팔자가 상팔자'란 속담을 넘어 이제는 '개~편한 세상'이 도래하였다. 반려동물과 더불어 함께 살아간다는 표현이 보다 자연스러워진 시대. 이제 반려동물은 가족과 차별화 되지 않는다. 나의 일부이자 동반자이다. 최근 유튜브, 인스타그램 등의 SNS에는 자신의 반려동물과 함께하는 일상과 여가활동을 보여주는 펫팸족이 넘쳐난다. 연예인보다 더 연예인다운, 연예인의 반려동물들도 엄청난 인기몰이 중이다. 반려동물과 나란히 앉아 미용서비스를 받고, 함께 서핑과 요가도 하며 펫캉스펫+호캉스를 즐기는 것이 자연스러운 세상이 왔다. 이렇게 반려동물과 함께하는 여행문화가 확산되며 여행산업에서도 펫팸족을 겨냥한 다양한 서비스가 눈길을 끌고 있다. 여가문화 전반에 반려동물의 영향력이 커지고 있는 만큼, 반려동물 시장과 여행산업 그리고 반려동물과 함께하는 여가활동도 다양해졌다. 반려동물, 아니 우리 집 막둥이가 외친다!

여행은 너만 가냐(옹)? 나도 데려 가시개(犬)~!

• 취향존버시대,

당신의 취향을, Respect!

다양한 생각을 가진 수많은 사람들이 함께 살아가고 있는 이 시대. 그들의 관심분야는 제각각이지만 각자의 취향은 존중받고 있다. 어쩌면 오늘날의 취향은 당연히 존중 받아야 하는 영역이며, 중요한 개인의 경향성으로까지 인식되고 있다. '당신의 취향을 존중한다.'라는 의미를 가진 '취존'이라는 단어가 우리에게 더 이상 낯설지 않다. 상황이 이렇다 보니 사회적, 관습적으로 내려오던 틀에 갇혀 자신이 누리고자 하는 것을 당당히 누리지 못하는 사람들은 오히려 융통성 없는 사람이 되고 만다. 소위 꼰대로 취급받기 쉽다. 젊은이들은 본인이 혹여 그런 사람으로 취급 받지는 않을는지, SNS 상의 꼰대 테스트를 발빠르게 실행해 보고 있으니 말이다. 오늘날 시장의 가장 큰 변화는 '나 때는 말이야~' 라며 생각을 강요하는 이들에게 오히려 자신의 취향을 숨기거나 휘둘리지 말 것을 강조한다. 라떼나 때는 커피일 뿐이고, 세상의 변화만큼이나 취향의 변화도 빠르게 변화하고 있기 때문이다. 7080세대의 나팔바지가 '부츠컷'으로 인기를 끌고, 트로트가 아이돌 못지않은 인기몰이를 하게 될 줄이야. 어쩌면 그 누구도 쉽게 예측할 수 없었을지도 모른다. 여자들이 숏 컷을 즐기고, 남자들이 머릿결을 관리하는 시대. 비주류의 취향이 언제 또 주류의 취향으로 전환 될지는 그 누구도 장담할 수 없다. 자칫 사소해 보이는 취향일지라도, 이 시대의 소비시장을 거세게 뒤흔들 거대한 잠재력이 내장되어 있는 것이다. 이제, 가지각색의 취향을 지닌 이들에게 자신 있게 전한다.

취향을 당당히 유지하라! 그럴수록 Respect! 받을 것이다.

• B.T.S[4], The best one pick, Korean wave

"Best. Travel. South-Korea"

이제는 한류를 'BTS방탄소년단가 쏘아 올린 작은 공'으로만 보기는 어렵다. 한류의 인기가 K-pop을 넘어 다양한 K-콘텐츠로 이어지고 있다.

한류열풍으로 음악, 드라마뿐만 아니라 게임, 음식, 의류 등의 광범위한 영역에서 외국인의 마음이 들썩이고 있다. 각기 다른 분야의 관심에서 시작된 '한류'라는 공통점은 '한국이라는 곳에 한 번쯤 방문해 보고 싶다'는 의지의 매개체로 이어지기도 한다. 더불어 한류는 한순간의 흥행으로 만들어진 유행도 결코 아니다. 한류라는 타이틀 속 다양한 분야의 전문가 협업과 끊임없는 노력으로 일구어낸, 어쩌면 오랜 기간 다져지고 가꾸어진 궁극의 결과물인 것이다. 전 세계에 통하는 거대한 흐름, 한류! 단순한 현상이나 유행이 아닌 생활 전반을 지배하는 'K-Culture'로의 도약이 이미 시작되었다.

제2의 BTS는 누가 될 것인가.

4 B.T.S : 한류에 선두에 서있는 BTS(방탄소년단)의 이니셜과 동일하지만, 한류의 새로운 트렌드를 다루고 있는 이 챕터의 "Best. Travel. South-Korea"의 의미를 담아 B.T.S 이니셜로 재미있게 구성해 본 타이틀

• 관광벤처 / 관광스타트업

Future of Tourism Industry

미래관광 선도의 최전선에는 새로운 아이디어와 신기술로 무장한 관광벤처가 있다. 관광벤처들은 미래를 예견하고, 적응하고 이에 대응할 수 있는 새로운 관광 이슈를 찾아 나선다. 다가올 미래를 마냥 기다리는 것이 절대 아니다. 끊임없이 변화되는 관광트렌드에 따라 기존 관광업계와 새로운 관광벤처의 무궁무진한 가능성은 앞으로의 대한민국 관광업계를 주도적으로 변화시킬 것이다. 세계적 전염병 확산으로 관광업계 타격이 불가피한 이 시점에서도 '비대면'이라는 새로운 트렌드는 그 영역을 확장해 나가고 있다. 기존의 관광영역과 새로운 비대면의 영역이 만나 프라이빗 하고도 독특한 트렌드가 끊임없이 생성되고 있는 것이다. 기존을 고수하던 방식에서 벗어나, 확장된 가치관으로 열린 가능성에 도전하는 관광벤처들의 미래가 기대되는 시점이다.

관광의 미래, 어쩌면 당신의 손에 달려있다.

Chapter 01

코빗트립,

"포스트 코로나 시대의 스마트 관광"

"코로나19가 끝난다고
모든 것이 제자리로 돌아올까요?"

코로나로 멈춰버린 여행업계에서는
최근 또 다른 고민에 빠져 있다.

'코로나19가 끝나기만 한다면 상황이 과연 나아질까. 모든 것이 제자리로 돌아올 수 있긴 한걸까' 전문가들의 전망은 그리 밝지만은 않다. 극단적으로는 '해외여행의 시대가 끝났다' 라고 말하는 전문가 그룹도 있다. 어찌 되었건 포스트 코로나 시대의 해외여행 양상은 완전히 달라질 것 이라는 것은 관광업계에서도 어느 정도 받아들여지고 있는 정설[2]이다. 포스트 코로나 시대를 예측하는 미래학자들의 서적도 쏟아지고 있다. 그렇게 드라마틱한 변화가 아니더라도, 그저 현재의 상황이 현저히 달라진 것에는 이견이 없다. 해외여행 시장 수요가 자연스럽게 국내 여행으로 전환되었고, 패키지 여행의 트렌드도 살롱문화, 즉 소그룹 지인으로 구성된 '특수한 형태의 여행 상품'으로 전환될 것이라고 주장하는 의견들이 대세이다. 그러나 이 또한 다수의 의견일 뿐, 그 어느 것도 미래를 명확히 예측하지는 못한다. 다만, 포스트 코로나 시대의 독특한 여행패턴이 어떻게 전향될지는 우리 모두의 관심사이며 모두가 숨죽여 주목하고 있는 '타이틀'인 것만은 확실하다.

최근 코로나 대응을 위한 정부의 정책 시행이 지속 연장됨에 따라 여행, 외식, 사교모임, 쇼핑 등 대부분의 일상생활에는 여전히

1 'Covid-19'+'Trip'으로 '포스트 코로나 시대의 관광'을 의미
2 일정한 결론에 도달하여 이미 확정하거나 인정한 설

제약이 존재한다. 그러나 한편으로는 이러한 사회적 분위기가 오히려 언택트Untact 시장의 발전에는 촉매제 역할을 하는 양상이다. 오히려 잘 타고 있는 장작에 휘발유를 부은 듯, 더욱 가파른 성장세를 보이고 있다.

이러한 언택트 기술의 시발점이 된 4차 산업혁명 기술은 다양한 산업 분야에 고루 적용되어 급속한 성장을 이루고 있다. 관광업계 역시 4차산업 기술을 도입하여 다양한 서비스들을 개발하고 있다. 관광업계에서는 인공지능을 활용한 챗봇Chatbot으로 실시간 안내서비스를 제공하고, 블록체인 기술로 호텔예약 시스템 및 멤버십 시스템을 개발하기도 하였다. 이뿐만이 아니다. 관광객에게 가상현실VR을 활용하여 여행지를 사전에 탐방할 수 있는 서비스의 제공과 증강현실AR을 통해 기존의 여행지를 더욱 색다르게 하는 기술을 만드는 관광벤처도 대거 등장했다. 이렇게 관광업계의 활발한 행보로 여행의 시작부터 여행의 마지막까지 최근의 여행시장은 '똑똑Smart' 해졌다.

코로나19 이후의 예견된 미래 관광에는 스마트기술이 있고, 이는 여행을 더욱 특별하게 만들어주고 있다. 결국 미래는 오게 되어 있다. 포스트 코로나 시대의 거부할 수 없는 매력적인 관광, '코빗트립Covid Trip'이 다가오고 있다.

Part 1

여행 코드명, 슬기로운 스마트 집콕 여행

'이불 밖은 위험해'

집콕러들이 귤과 함께 이불 안에서 마음의 안식을 찾던 2020년 1월의 어느 겨울날, 이제는 정말 이불 밖 세상이 위험해졌다. '코로나19'가 급작스레 세계를 덮친 것이다.

갑작스런 팬데믹pandemic[3] 속 하늘길과 국내외 주요 관광명소의 일시적 폐쇄는 물론, 집 앞 카페조차 마음 편히 가지 못하는 상황 속에서 여행은 사실상 불가능한 현실이 되어 버렸다. 이러한 코로나의 여파가 가장 컸던 산업은 단연 '관광산업' 분야이다. 코로나19의 장기화로 사회적 거리 두기가 생활화되면서 소셜네트워크서비스SNS나 가상현실VR 기술을 활용한 비대면 서비스가 관광산업 분야의 새로운 트렌드로 주목받고 있다. 사람과 사람 간의 교류 없이도, 또 직접 그 장소에 방문하지 않더라도, 새로운 방식의 여행이 가능한 다양한 서비스가 시도되고 있다. 어쩌면 집순이, 집돌이들에겐 '만세~!'를 불러일으킬 스테이케이션Staycation의 새로운 시도들, 신개념 여행 서비스 시대가 다가왔다.

여행과 나들이 대신 집콕 생활 영역이 확장되고 있다

더불어 각양각색으로 '일상의 지겨움'에서 벗어나기 위한 아이템들 또한 증가하고 있다. '나의 오른팔, 고된 노동과 맞바꾼 달달함', 달고나 커피가 그 대표적인 사례이다. 지난 2020년 1월, KBS 〈편스토랑〉에서 소개되며 주목받은, 무려 천 번을 저어 마셔야 하는 독특한 컨셉의 '정성 가득 달고나 커피'가 뒤늦게 인기를 끌고 있다. 인스타그램에는 달고나 커피 관련 게시물만 무려 약 18만개 이상 게시되었다2020.05.20 기준. 더불어 '홈카페'라는 새로운 영역이 대두되고 하루의 시작을 카페인으로 시작하는 대한민국 국민에게 안성맞춤인 홈카페는 집밖을 나가지 않고 집 안에서 커피나 음료를 제조해 마시는 것을 일컫는 단어로 이제는 네이버 국어사전에도 등재

3 전 세계적으로 특정 전염성 질병이 최악의 수준으로 유행하는 것

될 정도로 대중적 용어로 자리 잡았다.

내 집안에서 즐기는 무허가 카페, "홈카페"의 시대

개인적 삶의 공간에 대한 중요성이 강조되고, '집'이라는 주거공간에서 개인적인 시간을 보내는 이들이 늘어나게 되면서 홈카페 시대가 새로이 조명을 받고 있다. 최근 코로나로 인한 비자발적 집콕러들이 생겨나고, SNS 인증샷 문화까지 발달하게 되면서 새로운 홈인테리어 트렌트이자 기분전환용 취미로 다시금 큰 관심을 받고 있다. 이에는 물론 네스프레소나 일리 등 스페셜티 커피를 캡슐로 쉽게 즐길 수 있게 출시 된 머신의 발달 또한 한몫했지만, 코로나로 인한 재택근무 시간의 증대 등 집에 있는 시간이 자연스럽게 늘어나게 된 환경 또한 큰 요인으로 작용했다.

이뿐만이 아니다. 지금 당장 여행지로 떠날 수 없다면, 여행지의 분위기를 고스란히 집안으로 들여오는 것은 어떠한가. 지난 2020년 5월 방영된 MBC 예능 프로그램 〈나 혼자 산다〉에서 개그우먼 박나래는 발리의 느낌이 나는 가구, 소품 등을 본인의 집, 거실에 새롭게 사들이며 "내 집에 발리를 들였다"라고 선언했다. 발리 느낌 가득한 인테리어는 마치 실제 발리 호텔 못지않다는 평을 받으며, 새로운 시도로 주목을 받기도 했다. 이러한 최근 추세를 살펴보고 있노라면, 이제 우리 집 거실에서 즐기는 "모히또에서 몰디브 한 잔"[4]이 더 이상 불가능한 일만은 아니지 않게 되었다.

그러나 이와 같은 흥미 위주의 문화로 여행에 대한 갈증을 모두 해소할 수는 없다. 그렇다고 요즘과 같은 시국에 경각심을 잊고 또 당장 여행을 떠나는 것도 무리인 것이 사실이다. 코로나가 진정되는 국면이었다는 성급한 판단으로 너무 빨리 재개방을 선택한 세계의 주요 도시들에서 코로나의 재확산이 빠르게 이어지면서, 처음보다 더 거세진 감염확대로 후폭풍을 맞기도 하였다.

최근 이러한 시대에 맞는 대안으로 사람들은 '스마트기술'을 선택하고 있다. 상상이 현실이 되는 시대, 지금 우리는 스마트관광 시대의 중심에 서 있다.

여행시장도 스마트기술로 달라지고 있다. 미래 관련 서적 〈메가테크 2050〉[5]에서 밝힌 것과 같이 기술은 '천천히, 그러다 갑자기' 발현된다. 코로나19로 언택트 문화가 확산되면서 VR 여행 시장이 급격하게 부상 중이다. 실제로 SK텔레콤이 제공하고 있는 VR 콘텐츠인 '점프 VR' 중 여행 · 레저 콘텐츠는 2020년 3월, 1월 대비 이용량이 무려 42% 증가했다[6]. 경쟁사인 KT의 VR은 2월 대비 3월

4 영화 '내부자들' 이병헌의 대사로 유명해진 말, 개그의 한 코드로 사용될 만큼 유행이 된 용어
5 이코노미스트, 다니엘 프랭클린(2017), 메가테크 2050, 한스미디어
6 서영준(2020.04.12), 집콕족, 통신사 실감형 서비스에 푹빠졌다, msn뉴스

에 이용량이 60% 증가하였다. VR 콘텐츠는 그동안 데이터 소모량이 다소 높아 '요금 폭탄' 콘텐츠로 취급되고 있었다. VR 이용을 위한 장비 또한 그 가격이 상당하여 접근장벽이 다소 있는 편이었다. 그러나 최근에는 가까운 다이소와 같은 스토어에서도 VR 글라스를 단돈 5,000원에 구입이 가능할 정도로 상용화되었다. 더불어 5세대 통신인 5G 또한 제공되면서 VR 콘텐츠는 이제 더 이상 장벽 있는 콘텐츠가 아니다.

코로나 이전까지만 하더라도 '데면데면'하던 '비대면'의 대표주자 VR 기술이 이제 세계를 VR이 인도하는 새로운 가상 여행의 세계로 인도하고 있다.

1. 당신의 집으로 제주를 보내드립니다! JEJU TOVR

국내 최초의 제주여행 VR 콘텐츠 서비스인 JEJU TOVR은 HMD VR 기기를 통해 제주도 여행지를 360° VR 영상으로 미리 경험해 볼 수 있는 제주여행 필수앱APP이다. 앱 안에는 제주도 전역의 200개 이상 여행 콘텐츠를 담고 있으며, 동행자가 누구인지 혹은 어떤 취향을 가졌는지 등의 개인별 여행 컨셉에 맞추어 적합한 여행지를 추천해 주는 기능도 제공하고 있다. JEJU TOVR은 지난 2020년 4월, 코로나로 바깥출입이 어려워 곤란을 겪고 있는 시기를 극복하고자 이용객에게 VR 기기를 무료로 대여해주는 이벤트를 진행하기도 하였다.

2. 셀카 찍자! 어디서? 가상현실에서!, SKT 점프VR

5G 시대의 핵심 서비스인 VR 기반 SKT 주력 상품인 점프 VR은 약 500편의 VR영상을 제공하고 있다. 이 중 여행 관련 콘텐츠는 약 60편으로, 그중에서도 '0순위 여행 VR-손[7] 좀 보고올게. 어디서? 토트넘 구장에서', '0순위 여행 VR-금강산도 베를린도 식후경, 푸드트래블', '2019 롯데월드 타워불꽃쇼' 등이 인기다. 특히, SKT는 가상세계에서 여행뿐만 하나의 커뮤니티를 만들어 타인들과 비대면으로 관계를 형성해 나갈 수 있는 '버추얼 소셜 월드 모바일'을 런칭하기도 하였다. 물리적 제약을 뛰어넘어 가상의 공간에 타인을 불러 함께 시간을 보낼 수 있는 것이다. 이는 점프VR 앱을 통해 본인의 아바타를 설정하고 소셜룸을 선택해 입장하면 된다.

지난 2019년에는 최신 ICT기술을 활용하여 AR[8]과 VR을 혼합하는 'MR혼합현실[9]'을 통해 '동물 없는 동물원-북극곰편'을 공개하기도 했다. MR을 이용하면 실제 이미지에 소리와 냄새 등의 가상 정보를 생성해 마치 현실과 같은 상황을 연출할 수 있다. 이는 환경보호 캠페인의 일환으로 '점프'에서는 AR을 통해 동물들을 만날 수 있다.

7 손(son) 또는 쏘니(sonny)로 손흥민을 부르는 팬들의 애칭

8 Augmented Reality, AR(증강현실). 실제 환경에 3차원 가상의 사물이나 이미지를 겹쳐 보여주는 기술로 필요한 현실과 상호작용하다는 장점을 가지고 있음.

9 Mixed Reality, MR(혼합현실). VR의 입체감과 몰입도, AR의 현실감을 동시에 구현한 홀로그램으로 현실 정보 기반에 가상의 정보를 융합하는 방식의 기술임.

3. 언제 어디서나 즐기는 나만의 실감형 극장, KT 슈퍼VR

SKT에 이어 KT 또한 유사한 흐름을 보이고 있다. KT는 1천 편 이상의 VR 특화 영상과 15종 이상의 VR게임 콘텐츠를 제공하고 있다. 슈퍼 VR 내의 'Super VR Watch'에서는 아이돌 직관부터 영어, 취업 등의 학습까지 다양한 VR영상 콘텐츠를 선보이고 있다. 이 중 '노르웨이 오로라'는 초고화질 8K VR 영상으로 노르웨이 대자연을 눈앞에서 생생히 느낄 수 있으며, K-Travel Adventure에서는 대한민국 방방곡곡을 VR 테마별로 체험할 수 있다. 이 외에도 사이판 비치, 뉴욕의 야경, 베네수엘라의 앙헬폭포 등 다양한 관광명소 영상이 준비되어 있다.

KT는 지난 2019년 한국관광공사와 협업하여 국내 주요 관광지와 축제현장을 VR로 제작하기도 하였다. '춘천 국제마임축제', '화성 뱃놀이축제' 등이 그 대표적 사례이다.

4. 마이크로소프트의 홀로렌즈와 떠나는 세계여행, Holo Tour

마이크로소프트 홀로렌즈Microsoft HoloLens는 마이크로소프트사가 개발한 혼합현실MR 기반 웨어러블 기계이다. 앞서 SKT의 '동물 없는 동물원'과 같이 VR과 AR을 넘어선 실제 화면에 실제 개체의 스캔된 3D 이미지를 출력하고 이를 자유롭게 조작하는 MR로 홀로렌즈는 이를 특징으로 제품을 홍보하고 있다. 여기에서 주목해야할 점은 바로 홀로렌즈가 제공하는 7가지의 APP 중 홀로투어Holo Tour

이다. 이는 360°로 촬영된 파노라마 비디오를 더 깊이감 있게 제공하기 위해 홀로그램을 이용한다. 지구본 속 원하는 위치를 누르면 해당 장소가 홀로그램으로 눈앞에 펼쳐져 마치 그 장소에 직접 와 있는 듯한 느낌을 선사한다. 이는 공간이동뿐만 아니라 내가 원하는 역사적 장소로의 시간여행도 가능케 한다.

VR 기술이 아닐지라도 다양한 스마트기술을 활용한 아이디어들은 현 관광산업의 주소를 변화시키고 있다. 갑갑한 집안에서의 생활에 활력을 불어넣어 주는 새로운 시도로 에어비앤비에서는 프랑스 파리 파노라마부터 가상의 스토리 설정을 더해 '중세 흑사병 의사와 함께 떠나는 프라하 탐방' 등의 색다른 여행 영상을 제공하고 있다. 이 외에도 영상을 통해 뉴질랜드의 양을 자세히 관찰하거나, 멕시코 인기 셰프의 요리 과정 및 설명을 상세히 보고 들으며 요리사 못지않은 달콤한 간식도 만들어 볼 수 있다.

이렇게 최근 여행자들은 나만의 홈카페를 만들어 유명 카페 못지않은 티타임을 갖고, 원하던 해외 여행지의 모습을 영상을 통해 즐기고, 또 휴양지 느낌이 물씬 나는 여행지를 집안에 옮겨 담기도 한다. 이를 인스타그램이나 유튜브 등의 SNS에 인증 및 공유하며 비대면으로 사람들과 소통한다. 더 나아가 스마트 기기를 통해 현실보다 더 현실 같은 여행을 떠나기도 한다. 정도와 방법이 어떠하든 모두들 스마트하게 현재 자신만의 여행을 떠나고 있다.

호텔이 아닌 내 집으로 체크인하는 문화는 자발적이든 비자발적이든 최근 떠나지 못하는 답답한 현실에 우울함을 호소하는 '코로나 블루' 증상에 처방전이 되어주고 있다. '여행'은 인간에 삶에 있어 일종의 영양제 역할을 해준다. 사회적 거리 두기가 장기화 되면서 사람들은 마음의 병을 겪고 있다. '비대면'이라 쓰고 '생활'이라 읽는 우리네의 현실에 위와 같은 슬기로운 코로나 여행은 코로나19 이후 인간의 윤택한 삶을 영위하기 위한 필연적인 현상일지도 모른다. 메르스가 가고 코로나가 찾아왔듯이, 코로나가 지나가면 또 다시 '메로나메르스+코로나'가 반드시 찾아올 것이다. 그럼에도 그다지 걱정이 되지는 않는다. 지금과 같이 스마트기술이 또 다른 해답이 되어줄 것이기 때문이다.

"코드명, 코로나19. 슬기로운 스마트 집콕 여행 임무 완료!"

여행 코드명,
슬기로운
스마트
집밖 여행

코로나19와 함께 반년이 지난 지금 여행의 성격도 바뀌었다. 코로나 시대, 여행의 갈증을 조금이나마 해소하기 위해서는 안전한 여행을 만드는 것이 보다 중요해졌다. 안전이 관광산업에 화두가 되면서 항공과 호텔업계는 스마트기술을 활용한 비대면 서비스를 늘려가고 있다. 공항과 호텔 로비에는 직원을 대신한 로봇과 키오스크가 체크인&체크아웃을 도와주고 있으며 심지어 룸서비스까지 제공해주고 있다. 또한, 호텔업계는 보건 및 위생업체와 제휴를 맺어 새로운 위생 프로그램을 발표하는 등 고객이 안전하게 여행할 수 있도록 노력하고 있다. 스마트기술이 관광산업에 적용되면서 편리하면서 안전한 비대면 여행을 가능하게 만들었고 AR · VR 등 관광지를 실감나게 즐길 수 있도록 도와주고 있다. 즉 스마트기술이 관광산업에서 큰 역할을 하는 셈이다. 인공지능이 여행일정을 짜주고 증강현실과 가상현실로 실감나게 여행을 즐길 수 있을 뿐만 아니라 여행 기간에 촬영한 사진 정리도 수월해졌다. 최근 구글 포토 애플리케이션 하나로 사진과 동영상 저장은 물론 '1년 전 추억을 느껴보세요' 알림과 함께 여행의 추억도 리마인드 해주고 있다. 이렇게 날로 발전하고 있는 여행 관련 기술들은 여행 준비부터 여행의 마지막까지 모든 절차를 보다 간편하고 편리하게 만들어주었다. 스마트폰을 이용해 집 밖으로 떠나는 여행은 점차 진화되어 가고 있다. 그 모습을 만나보자.

AI 로봇을 도입해 객실 배달 서비스와 드라이브스루 서비스하는 호텔

호텔업계가 스마트해지고 있다. 호텔업계는 스마트기술을 활용하여 체크인&체크아웃을 할 수 있는 키오스크 시스템, 모바일 객실카드, 모바일 컨시어지 서비스 등 고객에게 언택트 서비스를 제공하고 있다. 객실에서 추가 요청하는 서비스에 직원이 직접 객실로 와서 서비스를 전달하던 방식이 스마트기술을 활용한 언택스 서비스 방식으로 바뀌고 있다. 코트야드 메리어트 서울 보타닉 파크에서는 인공지능AI 로봇인 코봇코트야드 로봇의 이름을 통해 객실 어메니티 배달, 모바일 편의점 서비스, 모바일 체크인 서비스 등 다양한 언택

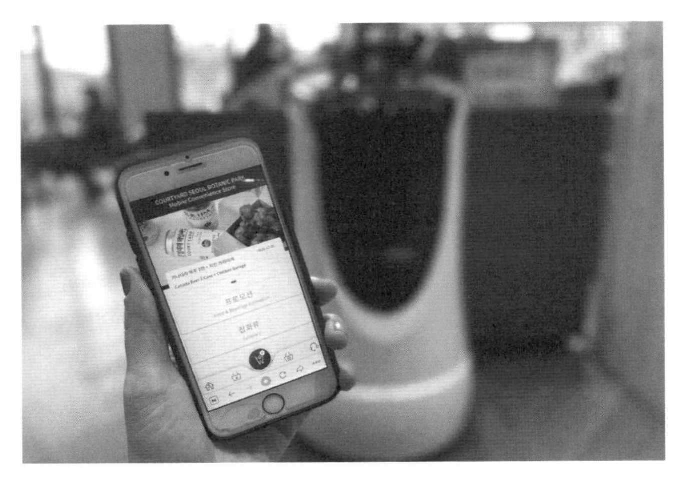

[출처] 코트야드 메리어트 서울 보타닉 파크 호텔 사진 제공

트 서비스를 제공한다. 손님이 객실에서 객실 어메니티 등을 요청하면 직원이 코봇 안에 손님이 요청한 어메니티를 넣고 손님의 객실번호를 입력하여 목적지로 설정하면 코봇은 객실로 이동하여 해당 어메니티를 전달한다. 코봇은 호텔을 찾은 아이들에게 서프라이즈 이벤트를 제공하고 손님을 객실까지 안내해주는 역할을 하기도 한다. 또한, 객실에 비치된 모바일 편의점 QR코드를 스캔 후 원하는 편의점 물품을 주문하면 코봇이 직접 배달해주는 서비스를 제공하고 있다. 이제는 편의점에 직접 가서 구매할 필요 없이 객실에서 편안하게 주문하고 받을 수 있다.

또한, 객실에서 쉽고 편하게 '지니야, 수건 갖다줘'라고 말하면 인공지능 로봇인 엔봇이 호텔 어메니티 서비스를 제공하는 호텔이 있다. 음성으로 간단하게 객실조명, 음악감상, 호텔시설 정보 확인 등도 함께 이용할 수 있다. 최근 KT와 현대로봇틱스가 공동 개발한 인공지능 호텔로봇인 엔봇N bot은 자율주행기술, AI 카메라, KT 5G로 대면 서비스에 부담을 느끼는 고객에게 신속하게 응대하면서 만족도를 높이고 있다. 인공지능AI 로봇 운영으로 업무의 효율성과 언택스 서비스를 원하는 고객들의 니즈를 충족시킬 수 있어 스마트 기술을 활용한 비대면 서비스를 제공하는 호텔이 늘어나고 있다.

커피와 햄버거를 편안하게 드라이브스루로 주문하고 픽업하는 시대, 이제는 고급 호텔음식도 가능해졌다. 드라이브스루Drive-through는 손님이 주차하지 않고 차에 탑승한 채로 상품을 구매할 수 있도록 하는 서비스로 미국에서 처음 시행되었다[10]. 운전 중에 편안하고 여유롭게 드라이브스루를 이용하여 커피, 간편식을 구매하는 추세에 따라 농산물과 수산물 등 다양한 업계에서도 드라이브스루 방식을 도입하고 있다. 서울 롯데호텔은 코로나19로 인한 언택트 서비스의 수요에 맞춰 호텔로 방문하기 어려운 고객에게 롯데호텔 식당 메뉴를 드라이브스루 방식으로 판매하고 있다. 또한, 그랜드 인터컨티넨탈 서울 파르나스는 그랜드 델리 식당의 치킨 2종을 드라이브스루 방식으로 포장 판매하여 식음료 부문의 언택트 서비스를 시작했다. 호텔로 찾아가서 맛볼 수 있던 호텔 음식을 이제는 나의 집, 혹은 한강 둔치 공원 등 어디서든 편하게 맛볼 수 있게 되었다.

오롯이 나에게 집중한 에고이즘 소비 바람이 호텔에 불다

코로나19가 소비자의 일상생활에 영향을 미치면서 새로운 소비 트렌드가 등장하고 있다는 분석이 나왔다. 삼정KPMG가 발표한 코로나19에 따른 소비 트렌드 변화 보고서에 따르면 15개 주요 산업영역에서 언택트Untact, 홈코노미Home+Economy, 본원적 가치중시 Essential Value, 불안케어Anxiety Care, 에고이즘Egoism 등의 소비트렌드가 관찰되고 있다고 분석했다[11]. 앞서 살펴보았듯이 관광산업을 포함한 대다수 산업에서 비대면 방식의 소비와 서비스가 확산되었다. 또한, 집에서 시간을 보내는 집콕족이 증가하면서 집에서 할 수 있는 활동을 지원하는 제품과 서비스에 대한 소비가 늘었다. 감염의 불안감, 경기침체의 두려움으로 마음의 위안을 가져다주는 상품을 구매하는 소비패턴이 나타났으며 건강, 가족, 안전 등 인간의 본원적 가치를 중시하는 현상이 강화되었다.

타인과 대면 시간이 줄고 불특정 다수와 한 공간에 있는 것을 피하며 집에 머무는 시간이 늘어나면서 '나를 위한' 자기중심적 소비를 말하는 에고이즘 소비 트렌드도 새롭게 나타났다. 최근 에고이즘 트렌드가 호스피탈리티 산업에도 등장했다. 글로벌 호텔체인들은 안전성과 편안함을 동시에 해결하기 위해 타인과의 대면시간을 최소화 하고 자기중심적 소비를 강화한 에고이즘 트렌드를 도입했다. 이는 소수고객 중심으로 개인화된 서비스를 강조하는 부띠크 호텔 브랜드가 증가하는 현상에서도 볼 수 있고 국내 특급호텔에서는 대중적인 서비스가 아닌 소수고객을 위한 고가 패키지를 출시했다.

10 네이버 지식백과 드라이브스루(2020.08.29) Retrieved from https://terms.naver.com
11 삼정KPMG(2020), 코로나19에 따른 소비 트렌드 변화

서울 웨스틴조선호텔은 소규모로 프라이빗하게 가족연을 계획하는 고객을 위해 VVIP용 최상위 객실인 프레지덴셜 스위트룸에서 정찬코스 메뉴 인룸 다이닝, 파티용품을 포함한 객실 상품인 가족연 패키지를 선보였다. 또한, 인터컨티넨탈 서울 코엑스는 최상위 스위트룸에서의 숙박과 8인 한정으로 사용 가능한 메가박스의 더 부티크 전용 영화관 대관 그리고 호텔 셰프가 준비해주는 인룸 다이닝 등 고객이 안심하고 온전히 객실에서 프라이빗한 휴식시간을 즐길 수 있는 상품을 선보였다. 코로나 시대에 에고이즘 소비 트렌드를 반영하면서도 특별한 공간에서 안전하면서 프라이빗한 시간을 원하는 플렉스한 고객에게 맞는 상품이 계속해서 출시되고 있다.

목적지 없는 관광비행
: 여행의 욕구는 작아지지 않는다!

여행의 설렘과 그리움을 느끼는 이들을 위해 항공업계는 목적지에 착륙하지 않고 여행을 하는 듯한 기분을 내는 관광비행 상품을 출시하고 있다. 관광비행 상품은 비행기를 타고 유람하듯 상공을 돌다가 착륙없이 회항하는 상품으로 목적지 없는 여행, 유람비행 등으로 불리기도 한다. 이러한 관광비행은 안전하고 색다른 여행 서비스를 제공할 수 있어 코로나 시대에 새로운 여행으로 주목받고 있다. 아시아나항공과 하나투어는 특별한 관광비행 상품인 스카이라인 투어를 선보였다. 이 상품은 하늘 위의 호텔로 불리는 A380으로 인천에서 출발하여 강릉, 포항, 김해, 제주 상공을 거쳐 다시 인천으로 돌아가는 한반도 일주코스이다. 탑승객에게 기념품 및 트래블키트, 국내선 50% 할인쿠폰 등을 증정하는 특별한 서비스를 제공하고 하나투어를 통해서는 호텔패키지와 함께 예약할 수 있어 12시간 만에 매진이 될 정도로 반응이 뜨거웠다.

해외에서도 관광비행 열풍이 불고 있다. 대만 저비용항공사 타이거에어와 대만여행사 이지플라이는 제주 상공을 돌고 회항하는 관광비행 상품을 선보였다. 제주도의 한라산, 성산일출봉을 둘러보고 다시 대만으로 돌아가는 회항하는 상품으로 탑승객은 기내에서 제주사투리를 배워보고 기내식으로 한국식 치킨을 맛볼 수 있었다. 이 상품은 4분 만에 매진이 될 정도로 인기가 높았다. 이 열풍은 일본, 호주에서도 이어졌다. 전일본공수 ANA항공과 JAL항공도 해질녘 풍경을 감상하는 국내 관광비행 상품을 호주 콴타스항공은 아웃백, 그레이트베리어 등을 유람하는 관광비행상품을 선보였다. 이러한 열풍으로 여러 국내외항공사는 관광비행 상품 출시를 고려하고 있어 관광비행이 늘어날 것으로 보인다. 최근 서울, 전주, 부산의 모습을 담은 한국관광공사의 한국관광 홍보영상이 성공적인 랜선 마케팅으로 잠재관광객으로부터 폭발적인 반응을 얻고 있다. 길어지는 코로나 유행 속에서 관광비행부터 랜선여행까지 우리의 여행의 갈증을 달래주고 코로나 이후의 여행을 기대하게 만든다.

갓벽한[12] 여행 친구인 스마트 러기지과 스마트 악세서리

캐리어를 꺼내어 여행짐을 챙기다보면 설레이는 마음을 감출 수 없다. 하지만 수화물 무게 규정을 넘기진 않을까, 공항에 도착해서 캐리어가 도착하지 않으면 어떡하나 등의 걱정을 느껴본 적도 있을 것이다. 이제 이런 걱정을 없애주는 똑똑한 캐리어가 등장했다. 바로 우리의 여행을 완벽한게 만들어 줄 '스마트 러기지'가 그 주인공이다. 스마트 러기지는 일반 캐리어와 어떻게 다를까. 제품마다 다르지만 보통 스마트폰과 연동이 되어 터치 한 번으로 간편하게 캐리어를 잠그거나 열 수 있다. 스마트 러기지는 단 몇 초 안에 무게가 자동으로 측정되어 스마트폰 화면을 통해 고객에게 무게를 알려주어 무게에 대한 걱정을 덜어준다. 또한, 트랜스퍼 여행 시 수화물 분실에 대한 걱정을 덜 수 있도록 위치추적 기능도 사용할 수 있다. 내 속도에 맞춰 따라오는 스마트 캐리어도 등장했다. 스마트폰 충전까지 가능한 그야말로 갓벽한 여행친구이다. 또한, 여행 중 소중한 물건을 잃어버릴까 걱정하는 이들에게 갓벽한 악세서리가 나온다. 애플의 '에어태그'는 블루투스 방식은 작은 추적 타일로 어떤 물건이고 부착하면 물건을 쉽게 추적할 수 있다. 여행 중에 여권, 지

12 '신의 영역을 넘보다'를 뜻하는 신조어.

갑, 캐리어 등에 부착해 놓고 어플을 이용하면 기기에 알림을 보내 위치확인이 가능하다. 또한, AR증강현실을 활용해 에어태그가 부착된 분실물 근처에서 증강현실을 통해서 위치를 확인할 수도 있다. 분실물에 대한 걱정은 이제 우리의 고민이 아니다.

증강현실(AR)&가상현실(VR)이 만들어준 재미있고 실감나는 여행

증강현실AR, 가상현실VR은 기존의 관광지를 더욱 풍성하게 만들어주고 기억 속에 남아 있던 소중한 유산을 재탄생 시켜주기도 하고 심지어 실제로 여행하기 힘든 우주와 바닷속 공간을 여행할 수 있게 만들어 주는 고마운 기술이다. 이제 이 기술로 일제강점기에 강제 철거되었던 우리의 문화유산을 104년 만에 다시 만날 수 있게 되었다. 바로 일명 '서대문'이라고 불리는 '돈의문'이 그 주인공이다. 스마트폰으로 돈의문 AR 애플리케이션을 다운로드하여 정동사거리 주변에서 실행해보면 돈의문의 생생한 모습을 여러 각도에서 살펴볼 수 있다. 또한, 돈의문 박물관 마을에 마련된 돈의문 가상체험 VR존을 통해 성곽에 오르는 실감 나는 체험을 경험해볼 수 있다.

우리는 가장 큰 보름달이 뜨는 정월대보름에 보름달을 보며 한 해 건강과 소원을 빈다. 그런데 서울 한양도성 낙산공원에도 색다르게 소원을 빌 수 있는 공간이 생겼다. 조선시대에는 한양도성을

[출처] 문화재청 제공

[출처] VISIT SEOUL 공식 홈페이지, 한양도성 AR 소원성벽 쌓기 소개 사진.

구경하며 한 바퀴 돈 후 소원을 빌면 이루어진다는 전설이 있었다. 서울관광재단에서는 이러한 전설을 현대적으로 재해석한 '한양도성 AR 소원성벽 쌓기' 캠페인을 실시하였다. 이 캠페인은 증강현실AR 기술을 활용한 체험형 캠페인인데, 자신의 소원이 담긴 동영상을 가상의 성벽에 등록할 수 있다. 가상의 성벽에 동영상을 등록하면 자신의 이름이 새겨지게 되는데 이를 SNS에 공유할 수도 있고 다른 사람의 소원이 담긴 동영상을 열람해 볼 수도 있다. 스마트기술을 통해 예로부터 내려오던 전설을 현대에 이르러서도 체험해 볼 수 있게 만들어주고 여행의 추억을 보다 풍부하게 만들어주고 있는 것이다.

증강현실AR 기술은 실제 현실에 가상의 그래픽을 덧대는 기술로 실제 관광지 위에 다양한 콘텐츠를 띄울 수 있어 재미있고 알찬 여행을 할 수 있다. 서울시 중구에서는 지역 내 관광명소를 증강현실 화면으로 구현해주는 중구관광 AR엽서북을 개발하여 선보였다. 중구 내 관광안내소, 서울역 등에 있는 AR엽서북을 가지고 서커스 AR어플을 실행하여 이미지를 스캔하면 남산 서울타워, 명동거리, 덕수궁 등 중국의 명소가 3D로 실감나게 표현되며 동시4개 국어로 스토리텔링 콘텐츠를 즐길 수 있다. 또한, 엽서에 그려진 중구관광 명소를 자신이 색칠한 대로 화면에 띄울 수 있어 나만의 중구 관광 명소를 사진으로 찍어 SNS로 공유할 수 있다.

음식을 기다리는 시간도 즐겁다, 'Le petit chef' Restaurant

레스토랑에서 멋진 풍경을 보면서 사랑하는 사람들과 함께 먹는 맛있는 음식도 여행이 주는 선물이지만 스마트기술이 주는 특별함도 또 다른 선물이 된다. Le petit chef 레스토랑에서는 3D 맵핑Mapping[13] 기술을 활용한 화려한 엔터테인먼트와 음식을 함께 즐길 수 있다. 각 코스의 음식이 나오기 전 흰색 테이블과 흰색 접시를 스크린 삼아 비춰지는 영상속에는 화려한 색감의 미니 셰프가 등장한다. 3D 맵핑기술로 오늘의 셰프가 코스별 요리를 만드는 과정을 보여주고, 영상이 끝나고 나면 영상 속 음식과 똑같은 모양의 음식을 실제로도 즐길 수 있다. 이러한 서비스는 음식을 기다리는 시간도 전혀 지루하지 않게 만들어주고 있다.

여행의 호기심이 3배로, 바르셀로나 AR 가우디 투어

스마트도시로 유명한 스페인은 눈부시게 발전하고 있는 스마트기술을 활용하여 전 세계 관광객을 끌어들일 수 있는 이색 관광서

13 영상을 물체에 투사하여 다양한 화면을 구현하는 기술

[출처] Created by Skullmapping.

비스를 개발하고 제공하는 데 매우 적극적이다. 스페인 바르셀로나에 가면 마치 동화 속에 나올 것 같은 아름답고 독특한 건축물을 볼 수 있는데 그중에서 천재 건축가 안토니 가우디의 카사 바트요Casa Batllo가 대표명소로 인기가 많다. 카사 바트요Casa Batllo에 방문하면 AR 오디오가이드를 이용할 수 있다. AR 오디오가이드 카메라로 공간을 비추면, 카사 바트요의 옛 모습과 가우디의 예술을 생동감 있게 감상할 수 있다. 스마트기술을 통해 관람객의 호기심을 자극하고, 한시도 눈을 뗄 수 없는 즐거움을 동시에 제공하고 있다.

한 번가고 두 번가고
무제한으로 두바이 여행하기

이제 두바이를 무제한으로 여행할 수 있다. 두바이관광청은 Dubai360 웹사이트를 통해 두바이를 360도로 여행할 수 있는 여행코스를 소개했다. 두바이의 대표 랜드마크인 세계 최초 7성급 호텔 버즈 알 아랍의 환상적인 내부를 즐길 수 있고 아라비아 반도의 옛 모습을 느낄 수 있는 사루크 알 하디르 박물관도 여행할 수 있다. 특히 최고층 빌딩에서 바라보는 두바이의 낮풍경과 야경은 포스트 코로나 이후의 두바이 여행의 욕구를 불러일으킨다. 이 웹사이트를 통해 우리는 집에서도 언제든지 두바이 랜선여행을 떠날 수 있고 두바이에 가서도 일정상 못 가본 여행지를 구석구석 여행할 수 있게 되었다.

이처럼 스마트기술은 다양한 소재와 창의적 아이디어가 결합하여 관광 활성화를 견인하고 있으며 관광객에게 실감형 관광콘텐츠와 서비스를 제공하고 있다. 각종 산업에서 스마트기술의 확산이 가속화되는 만큼 관광산업에서도 스마트기술을 활용한 다양한 콘텐츠와 서비스를 통해 여행의 시작부터, 여행 중 그리고 여행의 마지막까지 색다르고 특별한 경험을 제공하고 있다. 이러한 변화에 잘 대응하는 관광기업에게 미래는 열려있다.

점프VR, VR극장 등 생동감 넘치는 화면과 동시에 마치 자신이 그곳에 가 있는 듯한 느낌을 받도록 도와주는 스마트기술들은 갑갑한 집안에서의 집콕 생활에 활력을 불어넣어 줄 수 있는 충분한 매개체가 되고 있음에 틀림없다. 여행 역시 관광지에 새로운 미션을 더하거나, 조금 더 흥미롭고 생동감 있는 콘텐츠로 관광객의 이목을 집중시키고 있다.

4차 산업혁명의 도래와 전혀 예상치 못했던 코로나19가 가져다준 일상의 변화들은 코빗트립에 날개를 달아주고 있으며 여행을 더욱 매력적으로 전환하는 새로운 계기를 만들어 주고 있다. 코로나가 종식된 이후에도 우리가 예견하는 코빗트립 시장은 끝나지 않고 오히려 전혀 새로운 형태로 발전해 나갈 것이다.

Chapter 02

유트로,

"유튜브로 떠나는 랜선여행"

"걸어서 세계 속으로?"

아니, 이제는 '내 집 안방에서 세계 속으로!' 여행가는 시대,

유튜브 시대이다.

"2019년 방송매체 이용행태조사"에 따르면, 국내 온라인 동영상 제공 서비스 이용률은 52%이며 이용을 위한 시청기기로는 스마트폰이 91.6%로 압도적으로 높게 나타났다[15]. 여기에서 주목할 점은 시청 시, 이용한 서비스로 유튜브가 47.8%로 절반가량을 차지했다는 것이다. 그 뒤를 이은 서비스로는 페이스북이 9.9%, 네이버가 6.1% 그리고 넷플릭스가 4.9%로 나타났다. 현재 대한민국은 국민 2명 중 1명이 유튜브를 이용한다. 유튜브를 모르는 사람을 찾기가 서울에서 김서방 찾기가 될 날이 머지않았다.

언제, 어디서나 원하는 콘텐츠를 만들고 즐길 수 있으며, 누구나 크리에이터[16]가 되는 시대를 열어준 유튜브 플랫폼은 관광산업조차 뒤흔들고 있다. 유튜브는 최근 실시간 스트리밍 서비스를 도입하여 시청자와 1인 미디어 콘텐츠 제공자 간의 더욱 빠르고 생생한 소통을 가능케 하였다. 시청자들은 실시간으로 일어나고 있는 여행에 직접 관여하고, 크리에이터뿐만 아니라 또 다른 시청자들과 소통하는 새로운 여행콘텐츠가 생겨나고 있는 것이다. 실시간 스트리밍

14 'Youtube'+'Travel(Trend)'+'Video Log'의 의미 사용
15 방송통신위원회(2019), 2019 방송매체 이용행태 조사
16 유튜브에 동영상을 게시하는 사람을 의미, 일반적으로 '유튜버(Youtuber)'라고 지칭함

서비스로 여행 콘텐츠가 발달하면서 여행을 계획하는 이들에게 관광산업 유관 기업보다는 개인이 제작한 콘텐츠가 미치는 영향력이 더 크며, 글자 기반 콘텐츠가 아닌 동영상 콘텐츠가 주가 되는 환경이 조성되고 있다. 특히, 관광상품이 무형재임을 고려했을 때 시청각적 정보습득과 실시간 정보교류가 가능한 환경인 유튜브 여행방송은 관광산업에 큰 파장을 가져올 것이 분명하다.

방송 필수매체였던 TV는 이제 스마트폰 속의 작은 거인에게 자리를 내주었다. 그중에서도 유튜브는 원하는 여행을 여행지가 아닌 집에서도 생생히 보고, 듣고, 소통하고 또 다른 여행지를 추천받는 하나의 통합 여행포털로 변화하고 있다. 게다가 코로나로 인한 여행업계의 뉴노멀New Normal[17]로 실시간 체험공유형의 랜선여행이 대두되면서, 잠자고 있던 여행자들의 욕구가 깨어나고 있다. '랜선으로 여행을 떠나는 방구석 여행가'들이 탄생하고 있는 것이다.

17 시대변화에 따라 새롭게 부상하는 표준으로, 경제 위기 이후 5-10년간의 세계경제를 특징짓는 현상을 의미. 네이버 지식백과 뉴노멀(2020.09.23). Retrieved from https://terms.naver.com

Part 1

이젠 여행까지 유튜브야?

콘핑중독[18]

: 내 손가락이 가는 데로 콘텐츠를 소비하다

아침 드라마를 챙겨보던 시대는 지나가고 있다. 이른 주말 아침, 과일을 깎으며 드라마를 챙겨보던 부모님들도 이제는 원하는 시간에 넷플릭스, 유튜브, 왓챠플레이 등의 미디어 플랫폼을 이용하여 다시보기를 한다. 출퇴근 시간의 지옥철 속 직장인들조차 스마트폰을 아슬아슬하게 잡고는 영상 한 장면, 뉴스 댓글 하나라도 더 보려고 버틴다. 안되면 영상 속 소리라도 들으며 내릴 곳을 기다린다. 버스 안이라고 다르진 않다. 최근 버스 차량마다 Wi-Fi가 제공되다 보니 버스 안 학생들의 스마트폰을 보는 눈 또한 바쁘다.

한강 텐트 속 커플들, 카페 안 사람들 그리고 신호등을 기다리는 사람들까지
스마트폰 중독이 아닐까 싶을 정도로 다들 스마트폰 속 무언가에 집중하고 있다.

각자의 손에 들려있는 스마트 기기에는 검색, 채팅, 동영상 등의 다양한 플랫폼이 실행되고 있겠지만, 그중에서도 동영상 플랫폼은 '유튜브'가 압도적으로 많이 보일 것이다. 실제로 국내에서 사람들에게 가장 오래 이용되는 앱이자 전 연령대 사용시간 1위인 앱은 유튜브이기도 하다[19]. 자주 이용하는 앱으로도 채팅으로 인해 앱을 여는 빈도가 높은 카카오톡을 제외하면 가장 높은 이용도를 보였다.

이와 같은 유튜브 사랑은 국내뿐만 아니라 세계에서도 마찬가지이다. 한 달 로그인 이용객만 20억 명이 넘는 글로벌 플랫폼인 유튜브는 전 세계 88개국에 76개의 언어 서비스를 제공하고 있다. 미국 시장분석기관 Statista에 따르면 월간 이용자 수 1위 국가는 미국으로 약 1억 6,740만 명이 유튜브를 이용한다. 또한, 소셜미디어 관리 플랫폼인 Hootsuite의 '2020 유튜브 현황' 통계자료에 따르면, 전 세계 방문자들의 하루 평균 소비시간은 약 11분이며 미국

18 '콘텐츠(contents)'+'손가락(finger)'+'중독'의 의미로 사용
19 와이즈앱·와이즈리테일(2020), 한국인이 가장 많이 사용하는 앱

가장 오래 / 자주 이용하는 앱

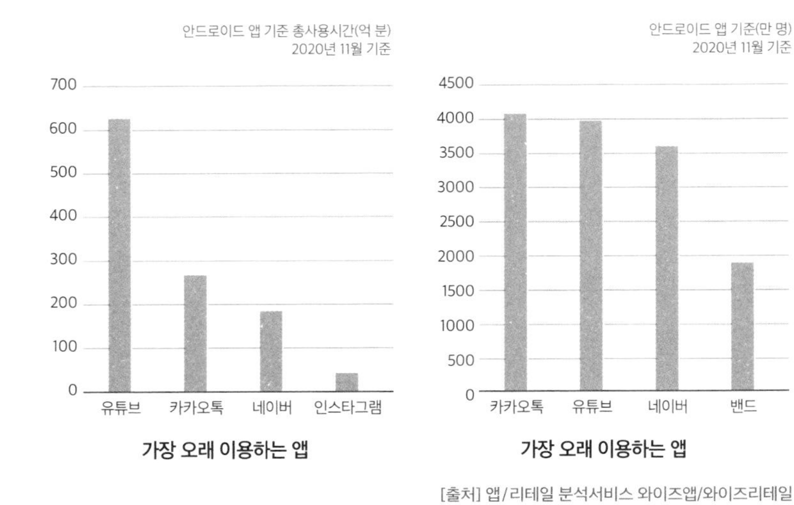

[출처] 앱/리테일 분석서비스 와이즈앱/와이즈리테일

15~25세의 81%가 유튜브로 영상을 시청하고 무려 인도에서는 영상시청자의 93%가 유튜브를 이용하는 것으로 나타났다[20].

여기서 또 하나 주목할 만한 점은 TV와 연결하여 유튜브를 이용하는 시간이 하루 평균 통산 2억 5천만 시간이라는 것이다. 이는 쉽게 말해, 전통적 영상 매체인 TV에서 정규방송이 아닌 유튜브를 통해 자신이 원하는 콘텐츠를 소비한다는 것이다. 물론, 스마트폰을 활용한 유튜브 이용률이 가장 높기는 하나 TV로 유튜브를 보는 것 또한 빠르게 증가하고 있음을 알 수 있다. 이러한 현상의 이유를 〈2020 트렌드모니터〉에서 찾아보면, 개인의 취향을 존중하는 개.취.존의 시대에 본방 사수보다는 이왕이면 내 생활시간표에 맞고, 내 취향에 맞는 콘텐츠 소비가 최근 활발히 이루어지고 있다는 점을 꼽을 수 있다[21]. 다시 말해, 언제 어디서든지 내가 원하는 시간에 내가 원하는 다양한 콘텐츠를 한꺼번에 즐기고 싶어 하는 자들이 콘텐츠 소비시장을 장악하고 있는 것이다. 이로 인해, 집에서도 TV 프로그램이 아닌 지나간 드라마, 예능 그리고 수많은 영상을 즐길 수 있는 유튜브를 큰 화면인 TV로 이용하게 되는 것이다.

이렇다 보니, TV 정규방송이 정해준 스케줄표는 개개인에게 큰 의미가 없다. 내 손가락이 가는 데로 시간 날 때마다 끊임없이 콘텐츠를 탐색하고 또 소비하는 콘핑중독자들의 세상에서 콘텐츠 소비는 손가락 마음이지 방송사 마음이 아니다. 그렇다면 한 때, '꽃보다 할배', '아빠 어디가'와 같은 TV 여행 프로그램으로 여행자들의 마음을 사로잡았던 관광업계는 어떠할까? 이 손가락 마음 뺏기 전쟁에서의 관광업계의 현 위치를 살펴보자.

20 Hootsuite(2020), Youtube Stats for 2020.
21 최인수·윤덕환·채선애·송으뜸(2019), 2020 트렌드모니터, 시크릿하우스.

하이퍼 리얼리티 트립[22]
: 초현실적 여행을 보여주다

사실 관광업계에 있어 원초적 문제는 '여행은 사전에 경험이 불가능하고, 실제로 소유할 수 없다'는 것이다. 신상품 가방과 같이 백화점에서 혹은 가방을 산 다른 사람을 통해서 실제 보고 만지고 경험할 수가 없다 보니, 여행을 다녀온 사람들의 후기에 담긴 글과 사진들이 여행자에게 큰 영향을 미친다. 페이스북 부사장인 니콜라 멘델슨이 "5년 안에 페이스북의 글자는 사라지고 동영상으로 대체될 것"이라는 전망을 내놓은 지 햇수로 5년이 지났다. 실제로 페이스북의 피드 중 동영상의 점유율이 계속하여 늘고 있으며, 2018년 페이스북은 동영상 스트리밍 서비스인 '페이스북 워치Facebook Watch'를 선보이기도 하였다. 페이스북에 따르면 2019년 6월 기준, 월간 7억 2,000만 명, 하루 1억 4,000만 명 이상의 이용자가 워치를 이용하는 것으로 나타났다[23]. 이처럼 소비자들의 커뮤니케이션은 글자에서 이미지로 그리고 영상으로 변화하고 있다. 변화에 따라 관광업계 또한 여행지에 관한 글과 멋진 사진에서 벗어나 TV프로그램을 활용한다. 특히, 2013년에서 2017년 5년간은 TV 여행 프로

22 'Hyper-reality(극사실주의)'+'Trip'의 의미 사용.
23 이진영(2019.10.11.), 페이스북 '워치' 월사용자 7억명...올해부터 창작자 수익배분 본격화, 뉴시스.
24 컨슈머인사이트(2019), 주례 여행행태 및 계획조사

여행정보채널 이용의향(TV방송)

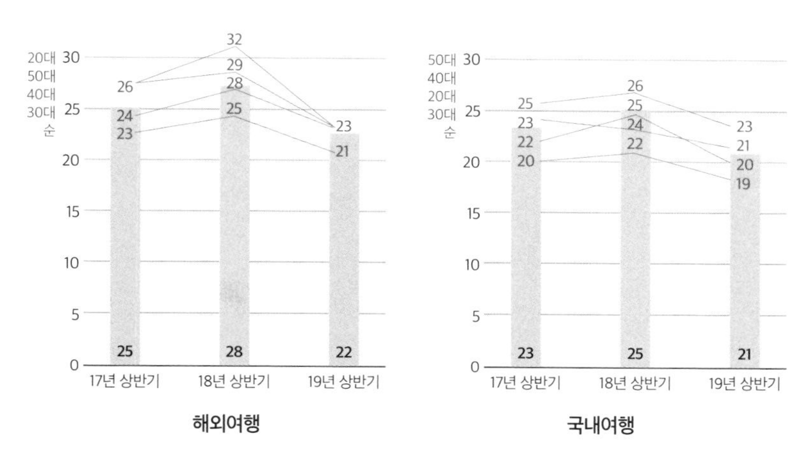

[출처] 컨슈머인사이트(2019), '주례 여행행태 및 계획조사'.

그램 풍년의 해이기도 했다. '꽃보다 누나/할배/청춘' 시리즈부터 '짠내투어', '비긴어게인', '윤식당', '내 친구의 집은 어디인가'까지 여행에 음식, 음악 등까지 가미한 프로그램들은 여행욕구를 이끌어내기에 충분했다. 하지만 빠르게 변화하는 콘텐츠 소비시장 속 이러한 인기 또한 한풀 꺾여가고 있다.

2019년 7월, 여행전문 리서치 기관인 컨슈머인사이트는 '주례 여행 행태 및 계획 조사'에서 최근 3년간의 여행정보채널의 변화를 밝혔다[24]. '향후에 국내/해외여행을 간다면, TV방송에서 정보는 얻는 것이 이전에 비해 어떨 것 같습니까?1: 더 늘 것, 2: 비슷할 것, 3: 줄어들 것'의 질문에 TV방송은 블로그, SNS, 여행지 공식사이트, 여행상품 구입채널 등의 여행정보 채널에 비해 2018년 대비 2019년 다소 하락한 결과를 보였다. 해외여행은 무려 6% 하락하였으며, 국내여행 또한 4% 하락하였다.

여행욕구 자극, 간접체험 그리고 여행정보제공에 큰 공을 세우고 있던
TV 여행방송 프로그램도 시들해진다면,
관광업계는 이제 또 어떤 대안을 찾아야 하는 것일까?

컨슈머 인사이트는 TV 여행 프로그램 하락세의 이유로 "**정보성에 초점을 맞춘 유튜브의 콘텐츠와 경쟁하기에 역부족**"이라고 설명하였다. 그렇다, 답은 갓God튜브, 빛튜브! 유튜브에 있었다.

심지어 유튜브는 '글→그림→영상'에서 더 나아간 '실시간 스트리밍'의 최전선에 있다. 우리는 이로써, 실시간으로 여행지에서 일어날 수 있는 가지각색의 사건, 사고들을 보고 들으며, 함께 시청하는 시청자들과 진행되는 영상에 관해 이야기를 나누고, 또 여행지에 직접 서 있는 크리에이터와 소통할 수 있다. 이뿐만 아니라, 소유할 수 없었던 여행을 영상으로나마 내 유튜브 영상 저장함에 저장하고, 공유하고 내가 원하는 때에 '콘핑'할 수도 있다. 이렇듯, 생생하고 초현실적인 여행을 유튜브로 느낄 수 있는 세상이 우리 앞에 펼쳐져 있다. 실제로 기업 소프트웨어 툴을 추천해 주는 BlogKens의 조사에 따르면, 전세계 유튜브 카테고리 중 여행은 13위를 차지하고 있으며 한 달 '여행&이벤트' 관련 영상에 대한 조회

Youtube Top Categories with Views, Subscribers and Watchtime*

순위	Category	Monthly Views	Subscribers	Watchtime, H
1	Entertainment	200.0B	12.3B	15.1B
2	Music	161.7B	9.8B	9.9B
3	People&Blogs	159.5B	9.4B	11.9B
4	Flime&Animation	64.9B	2.8B	6.8B
5	Gaming	60.9B	6.6B	6.0B
6	Education	37.1B	2.8B	3.0B
7	Comedy	29.9B	3.4B	2.0B
8	Howto&Style	27.7B	4.0B	1.8B
9	News&Politics	25.0B	992.4B	1.8B
10	Sports	20.6B	1.4B	1.3B
11	Science&Technology	12.2B	1.3B	766.7M
12	Autos&Vehicles	11.5B	710.6M	687.0M
13	Travel&Events	6.5B	377.1M	432.8M

[출처] BlogKens, 'All YouTube Video Statistics of 2018'.

* 융복합산업인 관광산업의 특성상 카테고리 구별이 모호해 측정되지 않은 영상도 많을 것이라 판단된다.

수는 무려 65억을 넘는다[25]. 해당 채널을 구독하는 이들만 해도 약 4억명이다. 그렇다면, 국내만 보았을 땐 어떠할까? 대한민국 국민들 또한 마찬가지일까? 유튜브 빅데이터 플랫폼 소셜러스의 '2019 한국 유튜브 데이터 인사이트 분석 보고서'에 따르면, '여행/아웃도어' 카테고리의 구독자는 2018년에 비해 690% 상승하였으며, 조회수 상승률 또한 500%를 넘어섰다고 밝혔다[26]. **이제 유튜브를 통한 하이퍼 리얼리티 트립은 관광업계에 있어 새로운 기회의 시장이다.**

25 BlogKens(2019), All YouTube Video Statistics of 2018
26 소셜러스(2020). 2019 한국 유튜브 데이터 인사이트 분석 보고서

Part 2

여행방송 전문 크리에이터의 등장

전지적 시청자 시점 여행방송
: 여행방송에 참견하는 시청자

기회의 시장인 유튜브에서 성공하는 여행영상은 무엇일까? 유튜브 여행방송 성공의 방정식이 있다면, 이 방정식을 푼 이들을 아마 1인 여행방송 전문 크리에이터일 것이다. 동영상광고 컨설팅회사인 픽사빌리티Pixability의 2018년 'In-Flight Viewing' 보고서에 따르면, 유튜브에서 가장 선호하는 여행영상은 바로 브이로그Video-Log와 1인칭 시점Point of View이다[27]. 다시 말해, 1인칭 시점형

27 Pixability(2018), In-Flight Viewing

의 브이로그를 선호한다고 볼 수 있는데 이는 결국 1인 여행방송 크리에이터의 여행 브이로그에 대한 선호도가 높다는 뜻이다. 특히, 위에서 여러 차례 다뤘던 유튜브의 실시간 스트리밍 서비스는 시청자와 크리에이터간의 더욱 빠르고 생생한 소통을 가능케 한다. 덕분에 시청자들은 실시간으로 일어나고 있는 크리에이터의 여행에 직접 관여하고 크리에이터뿐만 아니라 또 다른 시청자들과 소통하는 쌍방향 소통형 여행트렌드가 만들어지고 있는 것이다. 쉽게 말해, 크리에이터는 여행 목적지에서부터 무엇을 먹고 무엇을 경험할지, 무엇을 살 것인지 시청자와 소통 후 결정하고 시청자들은 그 여행에 참견하는 '전지적 시청자 시점' 여행 콘텐츠가 탄생한 것이다. 이처럼 여행방송 선호도에 적합한 콘텐츠를 생산하는 1인 여행방송 크리에이터들은 마치 여행사와 같이 여행지를 소개하고, 정보를 제공하고 그리고 즐기면서 시청자들에게 여행욕구를 자극하고 있다. 위의 픽사빌리티 보고서에서도 크리에이터와 같은 인플루언서와 셀러브리티가 지닌 영향력은 일반 브랜드보다 약 3배 이상 높다고 밝히고 있다.

그렇다면, 여행방송 성공의 방정식을 푼 영광의 크리에이터에는 누가 있을까? 유튜브가 실시간 스트리밍에 본격적으로 뛰어든 지 3년이 채 되지 않았기에 실시간 스트리밍뿐만이 아닌 1인칭 시점으로 브이로그 영상만을 업로드 하는 크리에이터들도 포함하여 소개해 보겠다.

1. 빠니보틀 : 어렵게 여행하는 것도 능력, 날 것 그대로의 세계여행 혼행러

그동안의 완벽하고 멋진 여행은 잊어라! 있는 그대로의 날 것의 여행을 보여주는 가장 현실적인 세계여행 크리에이터! 2015년 3월 24일부터 여행 관련 영상 활동을 시작하여 본격적인 활동은 2019년 1월 15일에 시작하였다. 현재는 영상 206개, 구독자 52만 명의 여행 전문 크리에이터이지만 사실 과거에는 자의 반 타의 반으로 회사를 때려치운 백수였다. 아름다운 자연환경과 체험형 관광에 뚜렷한 성과를 보이고 있다. 참고로 빠니보틀이란 이름은 2017년 첫 인도여행 중 기차에서 자고 있는데 상인이 외친 '빠니보틀!' 때문에 깬 후, 기억에 깊게 남아 빠니보틀이라고 정하였다고 한다. 여기서 빠니보틀은 힌디어로 물병을 말한다.

폐허덕후 성향이 있어 현지인들도 찾지 않는 폐건물이나 폐허를 일부러 찾아가기도 한다. 이는 시청자들에게 다소 진부하던 주류 여행에서 벗어나 흥미진진한 볼거리를 선사한다. 또한, 영상 속 배경 음악을 거의 두지 않고 여행지 그대로의 소리를 전하며 마지막에 자신의 여행에 대해 세 줄로 요약하곤 하는데, 이러한 그만의 영상편집법은 심심하기는 커녕 오히려 삼삼하니 담백해 구독자들에게 큰 애정을 받고 있다.

최근에는 코로나19의 여파로 국내 여행을 즐기고 있다. 다마스로 전국 일주를 하거나 염소, 닭과 함께하는 농촌 생활기를 보여주는 등 색다른 콘텐츠로 해외여행만큼이나 흥미로운 국내여행을 보

[출처] Youtube, 빠니보틀 채널, 코로나19 이전.

[출처] Youtube, 빠니보틀 채널, 코로나19 이후.

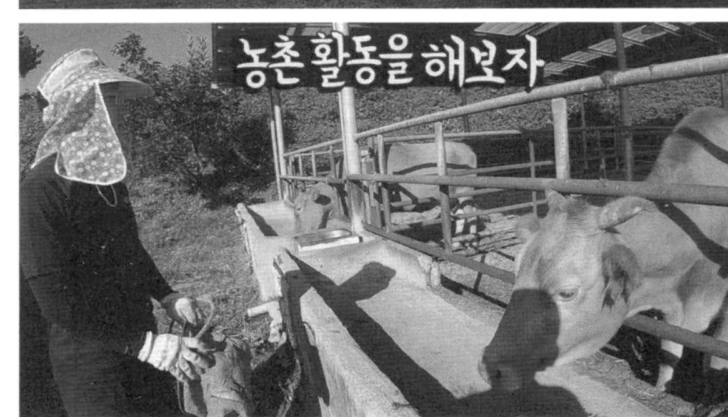

여주고 있다. 본인은 코로나19로 인하여 백수가 되었다 하나, 국내 여행 영상 또한 조회수는 여전하다.

2. 쏘이 : 조곤 조곤 여행지에 대해 씹어주는 여자

아무리 아름다운 여행지일지라도 여행지에서 일어나는 일들은 예측불가이다. 이 예측불가 여행경험으로 여행지를 조곤조곤 씹어주는 조금은 예민한 크리에이터가 있다. 바로 유튜브 채널 "Soy the world"를 운영하는 '쏘이'이다. 2018년 2월부터 영상 활동을 시작한 그녀는 100일간의 세계여행을 콘텐츠로 여행 영상일기를 써내려갔다. 그 중에서도 그녀의 모로코 중북부 도시 페즈를 관광하는 모습이 담긴 영상은 고대 역사문화가 담긴 이슬람 도시임에도 그녀에게 끊임없는 성희롱과 캣콜링을 하여 시청자들에게 문화충격을 주었다. 여기서 캣콜링은 길거리를 지나는 여성에게 남성이 휘파람을 불거나 성적인 발언을 하는 것을 의미하는데 쉽게 말해, 길거리 성희롱이다. 여성이 얼마나 혼자 여행하기 힘든지를 적나라하게 보여주면서, 말도 안되는 예측불가 상황을 문화적 차이라며 넘어가기 보다는 씹어버리는 그녀의 당찬 모습에 시청자들은 매료되고 있다.

불안불안 하지만 뜻깊은 100일간의 세계여행 이후, 미얀마, 홍콩, 스페인 등을 거쳐 현재에는 국내 지역을 여행하며 여행 크리에이터로서의 활동을 계속 이어나가고 있다. 최근에는 장마에도 불구

[출처] Youtube, 쏘이 Soy The World 채널.

하고 국토종주에 도전하기도 하였다.

3. 여락이들(청춘여락) : 예능 빰치는 세상에서 가장 힙한 두 여자의 여행기

혼행러도 좋지만, 물에 빠져도 입만 둥둥 뜰 것 같은 두 여자가 함께 여행하는 여행도 심심할 틈 없이 좋다! 청춘(靑春), 나그네 여(旅), 즐길 락(樂)을 합쳐 '청춘여락'이라는 큰 이름 아래 '여락이들' 채널을 운영하는 두 여자, 바로 김수인씨와 김옥선씨이다. 헬스장에서 처음 만나 친해진 두 사람은 콜센터 직장을 그만두고 과감하게 멜버른행 비행기에 올랐다. 당시 여행에 동행했던 영화학과에 재학 중이었던 김수인씨 친구가 찍은 영상을 김옥선씨가 자신의 SNS와 페이스북 페이지에 올리면서 대박이 났다. 페이스북 페이지 이름은 여행에 관심 좀 있다는 사람들은 모두 아는 '여행에 미치다'이다. 이후, 여행 크리에이터로 본격적으로 일을 시작하기로 다짐하고 관련 공모전과 미디어 회사의 인턴쉽을 마치는 등의 만반의 준비를 거쳤다. 인턴을 마친 기념으로 둘은 시베리아 횡당 열차에 오르는데, 이 영상으로 제대로 이름을 알리게 된다.

지금도 이 둘은 여행 중이다. '두다리의 행방불명'이라는 주제 아래, 서울에서의 부산까지 걸어가며 쌓인 여행 이야기 보따리를 차근차근 풀어나가고 있다.

4. 갓성은 : 세계 '사기' 여행 콘텐츠의 대가

'갓성은'은 2018년부터 본격적으로 여행 크리에이터의 길을 걸어온 전직 아프리카TV BJ이다. 태국, 캄보디아, 중국, 이집트 등의 국가를 돌며, 실시간으로 시청자들과 소통하는 그의 세계여행 콘텐츠는 형편없는 영어실력과 대책 없는 여행일정으로 본의 아니게 세계 '사기' 여행 콘텐츠가 되어버렸다. '유튜브 신이 도왔다'라고 해도 될 만큼 세상에 모든 사기는 모두 당하고 다니는 그의 영상을 보고 있노라면, 답답한 마음도 잠시 자신도 모르게 작게 미소를 짓게 될 것이다. 대부분의 사람들이 계획된 삶 속에서 살아가는 현대에 대책 없이 사는 그를 보며 많은 이들이 영상으로나마 대리만족하며, 즐거움을 얻고 있다. 어쩌면 갓성은의 '계획된 우연'이자 큰 그림일지도 모르지만 말이다.

초기에는 아프리카 TV로 실시간 방송을 진행하고 녹화본을 유튜브에 올리는 형태로 채널을 운영하였으나, 유튜브 구독자 상승과 실시간 스트리밍 서비스 도입 및 개선으로 최근 유튜브와 아프리카TV 동시 방송을 고려 중이라고 한다. 어찌 보면, 자극적인 '사기' 여행 콘텐츠지만, 실시간으로 여행지에서 실제로 일어날 수 있는 여행의 민낯을 보여주는 하이퍼리얼리티 트립에 가장 가까운 예라고 할 수 있겠다.

5. 반둥오빠 : 한국과 인도네시아의 오작교

인도네시아에서 연예인 못지않은 인기와 77만명의 구독자를 거느리고 있는 반둥오빠Bandung Oppa는 인도네시아 자와섬의 서쪽에 위치한 반둥 지역을 좋아해서 '반둥'오빠가 되어버렸다. 반둥은 그의 첫 해외 여행지이기도 하다. 한국에서보다 인도네시아에서 더 유명하지만 그의 실제 이름은 '한종대'로 토종 한국인이다. 무비자로 30일 동안 체류 가능한 인도네시아의 특장점을 이용하여 한국과 인도네시아를 오가며 한국의 문화를 알리고 있다. 특히, 그는 인도네시아어로 구독자들과 직접 소통해 인도네시아인들에게 큰 사랑을 받고 있다. 그 인기는 계속하여 치솟아 이제는 인도네시아 남성들에게까지 오빠라고 불린다고 한다. 만인의 오빠가 이제 보니 유튜브 세상 속에 있었다.

최근에는 한국관광공사에서 코로나19의 장기화로 식어버린 한국 관광에 대한 관심을 다시 불 지피고자 내세운 '와우코리아 비정상회담' 영상의 MC를 맡았다. 해당 영상은 총 3편으로 제작되었으며, 와우코리아 유튜브 채널에서 방영되었다.

6. 달려라 달리 : 집사와 함께하는 여행, 주인공은 개! 바로 달리!

2020년, 올해 9살인 달리는 과거 다리를 다쳤다는 이유로 전 주인에게 버림 받은 유기견이었으나, 현재는 국내외를 여행하는 여행크리에이터이다. 새로운 주인이 달리의 시무룩한 사진, 일명 '개무

룩짤'을 SNS에 올리면서 유명해졌다. 인스타그램과 페이스북에서 엄청난 인기를 얻자 그 인기에 힘입어 2019년 2월, 뉴욕여행을 시작으로 본격적인 유튜브 활동을 시작했다. 최근 자신의 반려동물과 함께하는 여행에 대한 관심이 늘어나고 있는 만큼, 달리가 이용하는 호텔, 비행기 좌석 그리고 음식들은 시청자들의 큰 주목을 받고 있다. 달리는 인천국제공항의 명예홍보견으로 위촉되어 홍보대사로도 활동하고 있다.

7. KOLD(Sam Kolder) : 영상미 깡패, 상상 속의 여행이 현실로!

세계 유명 고층빌딩을 맨손으로 오르고, 천혜의 바다가 내려다 보이는 절벽에서 뛰어내려 인어처럼 바다를 헤엄치는 상상 속 여행을 현실로 만드는 한 남자가 있다. 캐나다 토론토 출신의 Sam Kolder이다. 그렇다고 그의 영상이 각광 받는 이유가 과감하고 자극적인 여행 때문만은 아니다. 영상 시작부터 끝까지 마치 영화를 보는 듯한 '영상미'를 빼고 그를 논할 순 없다. 눈을 뗄 수 없는 환상적인 여행영상에 유튜브에는 그의 영상보다 그를 따라잡기 위한 '샘콜더식 영상 만들기' 영상이 더 많을 정도이다.

그는 지난 2019년 8월 태평양 최고의 트래플 테크놀로지 컨퍼런스인 '#인스타괌 트래블 톡 디지털 글로벌 서밋 #instaGuam Travel Talks Digital Global Summit'에서 여행의 미래를 논의하는 기조연설을 맡기도 하였다.

8. Mark Wiens : 먹으러 떠나는 세계 음식 여행

대학 졸업 후, 세계의 각종 맛있는 음식을 먹기 위해 여행을 떠난 Mark Wiens. 그는 영상 속 본인을 'Full Time Eater'로 소개한다. 24시간 음식을 먹는 그는 각국의 유명 음식뿐만 아니라 다소 시도하기 어려운 색다른 음식까지 맛보며 대단한 '먹방[28]'을 보여준다. 그러면서도 음식 속 담겨있는 문화를 존중하고 따르는 그의 모습에 무려 약 572만 명의 사람들이 그의 채널을 구독하고 있다. 특히, 그의 영상 중 이란 전통 옷을 단정히 차려입고 이란 사람들과 나란히 바닥에 앉아 염소 다리고기를 뜯어 먹는 모습은 진심으로 그 나라의 문화와 음식을 이해하고 즐기는 태도로 보는 이들의 존경심을 자아낸다.

최근에는 태국에서 아내를 만나 방콕에 거주하고 있으며, 태국의 먹거리와 소소한 여행 꿀팁을 소개하고 있다.

28 '먹는 방송'의 줄임말.

코메니티[29]
: 댓글로 공동체를 만들다

유튜브는 2017년 본격적 실시간 스트리밍 서비스 도입과 함께 커뮤니티 탭을 신설하였다. 이는 채널 구독자와의 소통을 적극적으로 도와주는 공간으로 유튜브가 커뮤니티로써의 활용도가 높아지자 생겨난 탭이다. 구글은 과거 구글 플러스와 같은 소셜 네트워킹 서비스와 메신저를 활용한 다양한 시도를 하였으나, 어느 하나 큰 성공을 거두지는 못하였다. 하지만 현재, 유튜브를 통해 그 성공을 대신 이뤘다.

물론, 이에 적극적으로 임하는 시청자도 있고 그렇지 않은 시청자도 있지만, 꼭 커뮤니티 탭 때문이 아니더라도 이미 유튜브 댓글, 구독 그리고 실시간 스트리밍 서비스로 인하여 채널별로 하나의 공동체가 생성되고 있다. 커뮤니티 탭은 '댓글comment'로 만들어진 새로운 '공동체community'의 원활한 소통을 도와주고 있는 유튜브의 한 기능일 뿐이다. 자세히 말해, 유튜브 채널을 구독하고 댓글을 달고 혹은 실시간으로 소통하는 이들이 만들어낸 코메니티는 단순히 동영상 콘텐츠만을 소비하는 공간이 아닌 그들만의 세상, 공동체이

29 'Comment', 'Community'의 의미 사용.

다. 유튜브는 이 점에 주목하였고, 콘텐츠 제작자들이 시청자들의 요구와 반응을 즉각적으로 살필 수 있으면서도 시청자들간 또는 크리에이터와 시청자간의 밀접한 관계를 형성을 도울 수 있는 커뮤니티 탭을 생성하였다.

랜선 속 가상 세상의 공동체, 코메니티를 가장 직접적으로 느낄 수 있는 부분은 바로 '팬네임'의 형성이다. 그 한 예로, 베트남과 한국을 오가며 일상, 여행, 먹방 등의 다양한 콘텐츠를 만들어나가는 코이티비KOITV는 댓글로 소통해오던 팬들을 아울러 코밀리KOI+Family라고 이름을 지었다. 다른 여행 유튜버라고 다르진 않다. 더 나아가 팬미팅을 하거나, 실시간으로 크리에이터와 여행을 즐길 시청자를 초대하기도 하고 크리에이터의 시그니처가 담긴 물건을 만들어 소비하기도 한다. 앞서 다루었던 여락이들의 팬미팅은 1초만에 매진되기도 하였다. 참고로 유튜브에선 팬미팅을 팬밋업fan+meet-up으로 부르기도 한다. 여행 유튜버는 아니지만 100만명의 대군을 이끌고 있으며, '알잘딱깔센알아서 잘 딱 깔끔하고 센스있게'란 신조어를 만들어낸 게임 유튜버 '우왁굳'은 패션 브랜드 '휠라FILA'와 협업하여 출시 15분 만에 스토어 완판을 기록하기도 하였다. 코메니티의 힘을 실감할 수 있는 순간이었다.

이처럼, 코메니티 속 시청자들은 더이상 단순 SNS 소모임이라 보기는 힘들다. 유튜브에 있어 코메니티는 하나의 마케팅 수단이며, 코메니티 소속자들은 훌륭한 마케터이다. 실제로 우왁굳과 휠라의 협업과 같이 코메니티가 마케팅에 큰 영향을 미치다 보니 여행 관련 기업들은 코메니티의 장(長)인 여행 크리에이터를 앞세워 상품을 홍보하기도 한다. 이와 관련한 이야기는 다음 이어지는 〈Part 3〉에서 다뤄보겠다.

Part 3
유트로를
대하는
우리들의
자세

유트키 쓸거야?
: 관광기업과 브랜드, 선택의 기로

〈유튜브 트렌드 2020〉에서는 대기업들이 유튜브에 참여하기 힘들 것으로 본다[30]. 유튜브의 커뮤니케이션법과 기존 기업의 커뮤니케이션법이 다르기 때문에, 커뮤니케이션의 충돌이 일어날 수 있음은 물론 브랜드 세이프티brand safety에 오히려 악영향을 미칠 수 있기 때문이다. 이를 관광산업에 맞춰 설명하자면, 관광기업의 상품판매를 위해선 여행일정, 가격, 항공사와 숙박시설과 같은 신뢰성 있는 자세한 정보를 제공해야 하고 실제로 여행이 어떻게 이뤄지는지에 대한 고객들의 궁금증을 해결할 수 있는 전화 혹은 인터넷 상담센터가 필요하다. 그런데 이와 같은 과정을 유튜브에 그대로 옮길 수 있느냐에 대한 문제, 즉 관광기업은 마케팅 커뮤니케이션 문제에 직면하게 된다. 게다가 애초에 관광기업이 만든 영상의 궁극적 목적이 여행 관련 상품 판매이다 보니 상업적 콘텐츠로 커뮤니케이션이 이기적일 수 있다. 일방적인 소통은 결국 소비자의 외면으로 이어진다. 이를 수용하면서 유튜브를 선택한 기업들은 유튜브를 이해하기 위한 홍보팀과 마케팅팀을 별도로 배치할 정도로 새로운 세상에 적응하려 하지만, 자칫 잘못하면 오히려 브랜드의 이미지를 망치는 또 다른 문제가 발생할 수도 있다. 기업 브랜드의 이미지에 영향을 미치는 브랜드 세이프티 문제는 기업 콘텐츠 자체 내에서 발생할 수도 있지만, '프로그래매틱 광고Programmatic Ad'와 같이 기업이 제어할 수 없는 외부환경에 의해 발생할 수도 있다. 여기서 프로그래매틱 광고는 프로그램이 자동적으로 이용자들의 검색 경로, 검색어 등의 빅데이터를 분석해 필요로 하는 광고를 띄워주는 광고 기법으로 대부분이 광고 수익인 유튜브에 활발하게 활용되고 있다. 다시 이를 관광산업에 맞추어 예를 들자면, 관광기업에서 유튜브의 커뮤니케이션법을 충분히 이해하고 여행상품 콘텐츠를 만들었더라도 영상을 클릭한 이들에게 여행의 위험성을 알리는 보

30 김경달·씨로켓리서치랩(2019), 유튜브 트렌드 2020, 이은북

험사의 광고가 앞서 실행되게 된다면 여행 영상에 대한 부정적 인식은 물론 브랜드에 악영향을 미칠 수도 있다는 것이다. 이 외에도 관광산업 유관 기업들이 겪을 수 있는 문제점은 수도 없겠지만, 이제는 정말 이를 감내하면서까지 유튜브 경쟁에 참여해야 할지 말지 결정해야하는 기로에 서 있다. 유트로 시대에 당당히 맞서는 여행사들이 벌써 등장했기 때문이다.

하나투어, 모두투어, 여행박사 그리고 노랑풍선과 같은 전통적 여행사들도 이미 유트로 세상을 예견한 듯, 오래전부터 자체적으로 미디어팀을 만들어 유튜브를 충분히 이해한 뒤 관련 영상을 송출하고 있다.

무시할 수 없는 힘을 가진 유튜브는 과연 얼마나 관광기업들과 브랜드에 긍정적 영향을 미치고 있을까? 이 질문에 답하자면, '잘

관광 유관 기관 및 기업 유튜브 채널 정보

업체(기관)명	구독자 수	동영상 수
하나투어	1.99만 명	402개
모두투어	8.77천 명	1,192개
여행박사	5.97천 명	140개
노랑풍선	2.26천 명	149개
한국관광공사	구독자 비공개 설정	109개
서울시 관광체육국	33.7만 명	1,000개
일본 관광청	3.31천 명	149개
캐나다 관광청	3.04천 명	110개
인도네시아 관광청	9.93만 명	254개

[출처] 해당 자료는 Youtube에 업체(기관)명을 검색하여 추출한 수치임(2021.01월 기준).

만든 영상 하나가 매출 효자다'란 말로 대신하고 싶다. 2015년 구글은 여행과 관련된 영상 조회가 전년 대비 118% 증가하였다고 발표하였다[31]. 이 여행 영상의 2015년 상승세를 함께한 대표적인 기업이 바로 '메리어트'이다. 메리어트는 유튜브를 통해 단순히 지역이나 상품을 알리는 것을 넘어 고객 유치에 성공한 선도적 사례라고 할 수 있다. 2015년 5월 공개된 메리어트의 '프렌치 키스French Kiss' 영상은 현재 629만회를 기록하고 있다2021. 01월 기준. 약 25분 분량의 이 영상은 파리 메리어트 샹젤리제에서 이뤄지는 사랑이야기를 담은 시네마형식의 영상으로, 공개 이후 2개월 동안 무려 50만 달러 이상의 예약을 이끌어냈다.

타깃 층이 관심을 가질만한 관광 콘텐츠에 집중해 유튜브 영상을 제작하여 성공한 사례도 있다. 바로 두바이 관광청이다. 두바이 관광청은 2018년 '영국남자', '말이야와 친구들MariAndFriend'과 같은 유튜브 크리에이터들과 협업하여 영상 콘텐츠를 제작하였다. 그 중 말이야와 친구들의 경우, 또 다른 홍보 이벤트를 진행하지 않았음에도 협업한 10편의 두바이 여행 홍보 영상이 2020년 3월 기준, 총 조회수 약 490만회를 달성하였다. 해당 영상들은 아이와 함께 두

31 차민경(2019.01.21.), [커버스토리] 여행 마케팅의 현재 - '긴가민가' 영상 마케팅, "지금 준비해야 늦지 않아요", 여행신문

바이를 방문하고자 하는 가족 여행객을 타깃으로 하며, 그들이 궁금할 만한 여행 요소를 담아 콘텐츠로 제작하였다. 예를 들어, 한국에서 두바이까지 약 10시간이나 되는 비행시간을 아이들이 잘 극복할 수 있는지부터 아이들과 함께 방문할 수 있는 다양한 테마파크와 액티비티를 생생하게 영상으로 전달하고 있다. 이어서 영국과 한국을 오가며 한국을 알리는 한국 홍보대사라고 할 수 있는 영국남자는 친구 올리와 함께 두바이의 전통음식과 패러글라이딩, 짚라인 등의 익스트림 액티비티를 조명한 콘텐츠를 제작하였다. 이 중 두바이의 황금으로 만든 코스 요리를 소개한 영상은 무려 85만 회를 넘는 성과를 창출했다. 이러한 두바이 관광청의 유튜브 마케팅에서의 큰 성공요인을 꼽아보자면 유튜브의 주 이용객인 20~40대에서 유명한 크리에이터와 협업은 물론 그들이 관심을 가질만한 '가족 여행', '식도락 여행', '우정 여행' 등의 콘텐츠를 파악해 영상을 제작한 것이라고 할 수 있겠다.

모두투어도 유트로 시장에서 뒤지지 않기 위한 마케팅을 시도하고 있다. 위에서 언급한 대로 개별채널을 운영할 뿐만 아니라 유명 여행 크리에이터와 협업한 컨셉투어를 선보이고 있는데, 그중 여행 크리에이터인 청춘여락, 여락이들과의 협업이 눈에 띈다. 수능이 끝난 기념으로 10대, 20대들만 참여할 수 있는 수험생용 사이판 여행이라든지, 직장인들을 위한 20대, 30대 취향저격의 치앙마이 여행이 그 예로, 이 여행에는 여락이들도 참여하기에 그들과 여행을 즐길 수 있다는 큰 매력이 있다. 마치 팬미팅과 여행패키지를 합쳐놓은 여행상품이라고 할 수 있다. 이 외에도 크리에이터와 함께 하지는 않지만, 그들이 다녀온 영상 속 여행일정을 옮긴 패키지 상품도 있다. 하나투어의 경우에도 2017년, '모녀 여행을 떠나야 하는 이유'라는 주제로 모녀 여행 CF 영상을 제작하였으며 조회수 약 870만 회를 달성할 만큼 큰 화제를 불러일으켰다. 하나투어와 같이 크리에이터와 협업하지 않더라도 유튜브 커뮤니케이션법을 이해하고, 적절한 시장세분화 과정을 거친다면 충분히 유트로 세계에서 성공할 수 있다. 여행사들은 이와 같은 영상에 여행상품 링크 광고를 달아 자사 홈페이지로의 유입량을 늘려 최종 구매로 이어질 수 있도록 활용하고 있다.

성공한 벤처기업 중 하나로 손꼽히는 마이리얼트립myrealtrip은 내 집 안방에서 세계를 여행하며 가이드까지 받을 수 있는 상품을 내놓기도 하였다. 세계 각지의 베테랑 가이드가 실시간으로 여행지를 소개하고 체험을 공유하는 "진짜 랜선투어"는 코로나로 인해 여행을 떠날 수 없는 이들의 마음을 충족시켜주고 있다. 해당 랜선투어는 홍콩의 백만불짜리 야경 투어부터 스페인 피카소 미술관, 이탈리아 바티칸 박물관 그리고 한국의 경복궁까지 세계 곳곳의 유명 관광지를 일방적인 녹화 영상이 아닌 실시간 영상으로 송출한다. 여기서 눈여겨 봐야할 점이 있다. 먼저, 마이리얼트립이 실시간 스트리밍을 통한 가이드와의 양방향 소통으로 실제 여행과 같은 '하이퍼 리얼리즘 트립'을 실현하고자 한 것이다. 또한, 이 책에서 반복하여 이야기하고 있는 '전지적 시청자 시점 여행방송'의 묘미인 여행 참견이 가능한 '비대면 여행'을 '상품'으로 내놓았다는 것이다. 방송 송출 플랫폼으로 유튜브를 이용한 것은 아니지만[32] 이 또한 유튜브가 만들고 코로나가 빚은 비대면 여행방송 트렌드를 적극 반영한 콘텐츠임은 분명하다. 게다가 영상 전문 PD가 참여하여 실제 TV 예능과 같은 수준의 방송을 제공하는 진짜 랜선투어는 유튜브에 비해 전문성과 몰입도가 뛰어나다는 평을 받고 있으며, 코로나로 인해 억눌린 고객들의 여행 욕구를 해소시켜주고 있기도 하다. 기발함으로 무장한 마이리얼트립의 도전은 유튜브만의 전유물이던 여행 실시간 방송을 실제로 상품화하고 판매함으로써 비대면 여행에 대한 새로운 상품화 가능성을 보여주었다.

그렇다고 모든 기업이 유튜브 치트키, 유트키의 영향을 받은 것은 아니다. 문화체육관광부 산하 10개 공공기관이 제출한 '유튜브 운영 및 동영상 예산 현황자료'에 의하면 공공기관 유튜브 성과가 매우 부진함을 알 수 있다[33]. 특히, 국립박물관문화재단은 2016년 첫 영상을 시작으로 제작에 총 2,390만 원을 썼음에도 2019년 10월 당시 구독자가 13명에 불과했다. 현재는 해당 채널에서 구독 비공개를 설정하여 구독자를 확인할 수 없다. 2015년부터 영상 송출을 시작한 한국문화예술회관연합회의 사정도 다르진 않다. 2019년 '제12회 제주 해비치아트페스티벌' 관련 영상에 예산 2,200만 원을 사용하였으나 당시 구독자 수는 20명 이내로 매우 저조했다. 최근에는 구독자 140명으로 상승하였으나, 41개의 영상 총 조회수가 2만이 채 되지 않는다.

위의 공공기관 유튜브 운영 사례에서도 알 수 있듯이 유튜브가 모든 경우에 성공의 열쇠를 쥐어 주는 것은 아니다. 유튜브가 아닌 번쩍이는 아이디어로 자신만의 플랫폼을 형성해 나가고 있는 독립적인 기업도 있다. 대면 여행이 불가능한 상황 속에서도 코로나를 넘어선 신상품을 출시해 고객과의 스킨십을 유지하고 있는 똑똑한 기업, 마이리얼트립과 같이 말이다. 그럼에도 불구하고 관광산업에 있어 유튜브가 하나의 돌파구이자 치트키가 되어주고 있음은 확실하다.

유튜브 치트키인 '유트키'를 올바르게 사용하기 위해선 빠르게 변화하는 유트로 세상의 움직임을 포착하고 이에 따른 숱한 과제를 풀어야 한다. 자, 이를 감수하면서까지 유트키를 쓸 것인지 아니면 다른 방도를 찾을 것인지는 관광기업, 그들의 선택에 달려있다.

32 유튜브가 아닌 실시간 화상회의 앱을 이용해 실시간 영상을 송출하고 있다.
33 오승혁(2019.10.02.), [2019 국감] 예산 9억6500만 원, 구독자 18명... 공공기관 유튜브 채널 운영 실태, 한국금융.

유튜브 여행 프리미엄 서비스
: 구독과 추천으로 찾는 나만의 여행

개인의 취향을 저격하는 큐레이션[34] 서비스는 이미 우리의 삶 속에 스며들어 있다. 음악부터 드라마 그리고 쇼핑까지 큐레이션 서비스는 날이 갈수록 세분화 되어가는 개인 취향을 섬세하게 맞춰주어 이용자들의 만족과 효용을 극대화하고 있다. 최근, '유튜브 알고리즘이 나를 이곳으로 이끌었다', '여기에서 아무도 이 영상을 검색해 들어온 사람은 없다'라는 댓글이 성행하고 있다. 시청자가 이전에 시청했던 영상, 장르 그리고 검색어 등을 분석하여 다음 영상을 자동으로 추천해 주는 큐레이션 기능으로 인한 결과이다. '알고리즘=복권'으로 알고리즘을 기다리는 크리에이터들도 꽤 있다. 관광산업에서도 유튜브 큐레이션 기능은 지금보다 더 큰 영향을 줄 것으로 판단된다. 내게 필요한 여행 영상을 추천 받고, 더 나아가 새로운 여행지를 발견하는 즐거움이 더해지는 세상이 멀지 않았다. 이에 따른 여행업계 변화에 앞서, 곧 나보다 내 취향을 더 잘 아는 '취향 저격 유튜브 여행 프리미엄 서비스'를 즐기는 여행자들이 등장할 차례이다.

또한 정보가 곧 자원인 시대에 개인 맞춤형의 정보제공 서비스는 개인이 더 빠르고 쉽게 원하는 정보에 다가갈 수 있게끔 도와주기도 한다. 바야흐로 검색도 유튜브로 하는 시대이다. 여행 관련 검색이라도 다를 건 없다. 2015년 구글은 여행과 관련된 영상에서 구체적인 목적지를 검색하는 횟수가 여행 관련 전체 활동의 70% 이상을 차지했다고 발표한 바 있다[35]. 쉽게 말하자면, '국내여행', '해외여행'과 같은 단어로 검색을 하는 것이 아닌 '발리 여행', '베트남 비행편'과 같이 목적지를 생각하고 유튜브로 검색한다는 뜻이다. 이렇듯, 유튜브의 여행 영상에 대한 대중의 관심은 생각보다 세부적이며 구체적이다. 앞으로는 이것이 여행에 제반되는 모든 상품에까지 영향을 미칠 것으로 본다. '여행 캐리어배낭 추천', '동남아 항공사 추천', '여행 음악 리스트', '기내 화장품 추천', '중국에서 꼭 사야 하는 면세품'과 같이 말이다.

전화 혹은 호텔, 항공사, 여행사 등의 공식 예약사이트, 홈쇼핑 TV방송, OTA를 통해 진행되던 예약 및 결제방식 또한 곧 혁명적으로 변화하게 될 것이다. 유튜브가 추후 아마존, 네이버 쇼핑과 같은 기업과 협업하거나 결제 시스템을 도입하게 된다면 유튜브에서 여행 관련 상품을 보고 듣고, 생생한 체험을 느껴보고 바로 구매까지 가능하게 될 것이다. 큐레이션 기능은 이러한 변화에 더불어 성장할 것이며, 결국 유튜브는 여행자들의 여행지 선택부터 여행지 후

34 콘텐츠 혹은 정보를 목적에 따라서 분류하고 배포하는 일을 의미함
35 차민경(2019.01.21.), [커버스토리] 여행 마케팅의 현재- '긴가민가' 영상 마케팅, "지금 준비해야 늦지 않아요", 여행신문

기, 여행의 끝까지 함께하는 원스톱 여행 플랫폼이 되어줄 것이다.

국립과천과학관의 천문우주페스티벌이 지난 2020년 8월 12일부터 16일, 닷새간 온·오프라인 동시 개최되었다. 축제의 첫 시작은 '한여름 밤 별똥별 쇼'로 유튜브 채널을 이용한 실시간 별빛 관측 방송이었다. 시간당 약 100여개 가까이 떨어지는 별똥별이 만들어내는 장관에 시청자들은 너 나 할 것 없이 제각기의 소원을 채팅으로 남겼다. 유례없는 코로나19 상황 아래 유례없는 한 여름날의 '비대면' 별빛 축제 현장이었다. 랜선으로 여행을 떠나는 꿈꾸는 여행자들 그리고 이들의 여행을 실현시켜 줄 관광산업의 변화가 어디까지 이어질지 기대되는 순간이었다. 요즘 세상 중에서도 요즘 세상인 유트로 세상이 별똥별마냥 빛나는 관광을 이끌어 나가길 바래본다.

Chapter 03

모빌루션,

"골라 타는 재미가 있는 나의 여행"

BOARDING PASS

PASSENGER
PLANB

DEP.
1:30 PM
15 FEB 2021

SEAT
20D

모빌루션[36]

FLIGHT
KORLINE

PASSENGER
PLANB

GATE
C21

SEAT
20D

DEP.
1:30 PM
15 FEB 2021

당신이 꿈꾸는 미래도시는 어떤 모습인가? 미래를 꿈꾸는 이들은 영화 제5원소의 한 장면에서처럼 공중에 복잡하게 얽힌 도로 속, 자율주행 자동차가 초고속으로 집 앞에 도착해 나를 깨우고, 소설 '개미'의 한 장면에서처럼 내 안면인식을 통해 나의 컨디션을 자동으로 파악해주길 바란다. 또한, 영화 트랜스포머에서처럼 위험한 상황을 인지하고 나를 안전하게 지켜주는 일상을 꿈꾸기도 한다. 이렇듯, '우리는 상상 속의 모빌리티들이 20년 후쯤에는 나타나지 않을까…' 하는 꿈을 가지고 살아왔다.

세월이 흘러, 지금은 바야흐로 2021년이 되었다. 첨단기술의 급속한 발달로 우리가 상상해왔던 미래세계가 어느새 현실로 실현되어 가고 있다. 20세기 초 자동차 대량생산에 성공한 이후 꾸준히 성장해온 모빌리티 산업에 첨단기술의 등장으로 모빌리티 산업에 거대한 패러다임 변화가 일어나고 있다. 모빌리티 패러다임의 변화를 이끄는 축은 대표적으로 1) 자율주행자동차, 2) 전기자동차, 3) 공유자동차 등으로 나누어 볼 수 있으며, 실제로 구글, 벤츠, 현대자동차 등 유명한 자동차 기업들과 IT기업들이 새로운 스마트 모빌리티 개발에 전력을 다하고 있다. 더불어 우리는 거리와 공원에서 스마트폰으로 간편하게 인증을 거쳐 전기를 동력으로 움직이는

36 'Mobility'+'Revolution'의 의미 사용.

전동킥보드와 전동휠 그리고 공유자전거를 이용하는 사람들을 심심치 않게 볼 수 있다. 이른바 스마트 모빌리티 시대에 돌입한 것이다!

스마트 모빌리티Smart Mobility란 최첨단 충전, 동력 기술이 융합된 소형 개인 이동수단으로 더욱 지능화되고 똑똑해진 교통서비스를 통칭한다[37]. 거대도시의 증가, 1인 가구의 급증, 엄격한 환경규제로 기존의 자동차를 대체할 새로운 교통수단의 필요성이 대두되면서 이러한 스마트 모빌리티는 휴대가 편리하고 사용 또한 간편하며 배기가스가 발생하지 않아 차세대 이동수단으로 주목받고 있다. 이제 스마트 모빌리티를 좀 더 자세히 살펴보자.

37 네이버 지식백과 스마트 모빌리티(2020.03.01). Retrieved from https://terms.naver.com

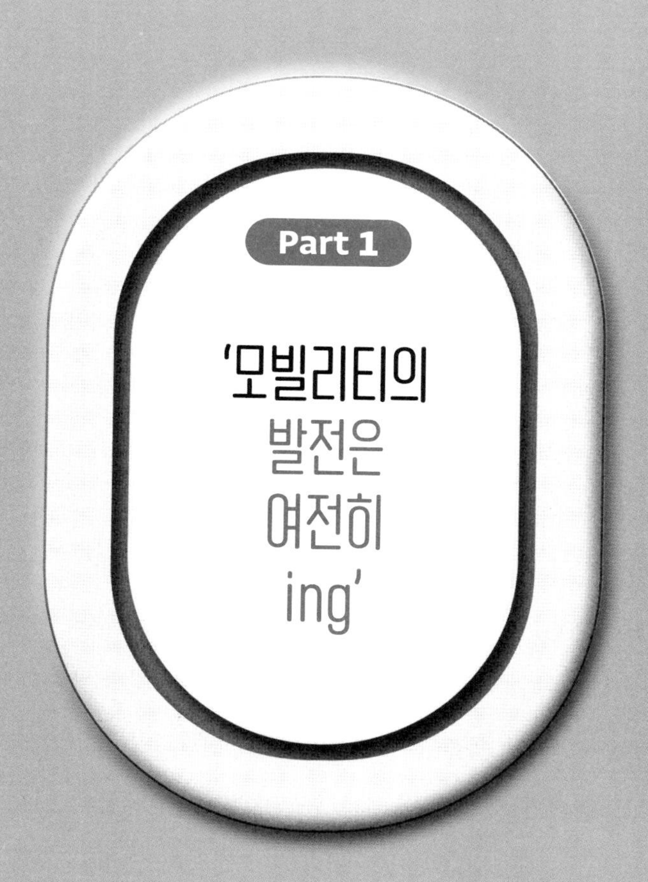

Part 1

'모빌리티의 발전은 여전히 ing'

스마트 모빌리티의 현주소

스마트 모빌리티는 언제부터 등장했을까?

그 시작은 2001년으로 거슬러 올라간다. 미국의 발명가인 딘 카멘은 자전거와는 다른 독특한 외관, 저렴한 전기료, 최신 부품을 장착한 새로운 1인용 이동수단을 시장에 선보이게 되었는데, 이것이 스마트 모빌리티가 세상에 탄생한 순간이었다. 이 제품의 이름은 세그웨이Segway인데, 세그웨이는 별다른 조정장치 없이도 가볍게 올라타서 무게중심만 잡으면 간편하게 움직일 수 있는 구조로, 출시 당시 미래의 교통수단으로 큰 주목을 받았다. 세그웨이가 스마트 모빌리티라는 새로운 생태계를 구축한 이후, 기술의 발전과 함께 휴대가 편리하고 가격이 저렴한 스마트 모빌리티가 꾸준히 출시

되었다. 이후 도쿄를 기반으로 하는 디자이너 그룹인 코코아 모터스Cocoa Motors가 노트북 크기의 전기 교통수단 워크카를 개발했다. 또한, 전동킥보드, 전동휠, 전기 롤러스케이트인 워크윙 등 다양한 종류의 스마트 모빌리티가 새롭게 등장하였다.

이렇게 초기의 스마트 모빌리티는 1~2인승 소형 개인 이동수단에 집중하여 성장했기 때문에 '퍼스널 모빌리티' 로도 불리웠다. 그러나 최근에는 스마트 모빌리티 범위가 개인에 한정되지 않고 그 범위가 점차 넓어지고 있다. 즉 자율주행자동차와 공유 모빌리티도 스마트 모빌리티의 영역에 포함된다고 볼 수 있다.

모빌리티 패러다임에서 절대 빠질 수 없는 전기자동차, 공유자동차, 자율주행자동차에 대해 먼저 살펴보자. 1870년대 내연 기관 자동차보다 먼저 제작된 전기자동차는 배터리가 무겁고 충전이 오래 걸리는 문제로 실용화되지 못했었다. 그래도 전기자동차는 구조가 간단하고 운전하기 쉬운 이점으로 미국에서 여성용으로 소량 생산되었다. 그러다가 20세기 초 휘발유 가격의 하락으로 내연 기관 자동차가 주목받음으로써 전기자동차는 우리의 기억 속에서 잠시 사라졌다. 그 후 도시의 대기오염 문제가 심각해지면서 잊혀졌던 전기자동차는 환경문제를 해결할 수 있는 다크호스로 재등장하였다. 전기자동차가 가지고 있던 단점은 기술의 꾸준한 발전으로 해결할 수 있었고 내연 기관 자동차의 대안으로 기대감이 높아졌다. 현재 테슬라, BYD, 르노, 닛산, 현대, 기아 등에서 전기차를 판매

[출처] Pixabay의 세그웨이.

하고 있고 2018년 현대자동차에서 수소연료전지차 넥쏘를 출시하면서 새로운 시장에서의 발전을 꾀하고 있다.

또한, 모빌리티 시장에 빠질 수 없는 이야기는 '자율주행자동차'이다. 자율주행자동차는 운전자가 차량을 조작하지 않아도 스스로 움직이는 자동차를 의미한다[38]. 우리의 상상 속에 있었던 자율주행자동차는 마침내 2018년 12월 미국 피닉스시에서 구글 웨이모의 무인 자율주행택시 서비스를 시작함으로써 미래가 아닌 현재가 되었다. 지금 전 세계는 자율주행자동차의 개발경쟁으로 뜨겁다. 카카오모빌리티는 올해 3월에 국토교통부로 부터 자율주행차 임시운행 허가를 받아 기술테스트를 시작했다. 향후 카카오 T플랫폼을 접목해 자율주행 서비스를 상용화를 목표로 하고 있다. 국외에서도 중국 지리홀딩스, 테슬라, 구글 웨이모, GM 등 자율주행기술 부문에 막대한 투자 유치 및 개발에 힘써오고 있다. 운전자 없는 자동차가 도로 위에 점령하는 날이 머지않아 보인다.

공유자동차 또한 모빌리티의 패러다임을 이끄는 여러 축 가운데 하나로 자리 잡고 있다. 기술의 발전과 함께 IT 플랫폼 서비스가 등장하면서 자동차를 공유할 수 있는 서비스를 제공하는 플랫폼이 개발되었다. 차량공유 시장은 보통 카쉐어링Car Sharing, 카헤일링Car

38 네이버 지식백과 자율주행자동차(2020.03.01). Retrieved from https://terms.naver.com

Hailing이 있다. 운전자 없이 자동차만 공유하는 형태의 서비스인 카셰어링은 장소와 시간제약 없이 모바일 어플을 이용하여 간편하게 대여와 반납이 가능하다. 대표적으로 미국의 집카Zip Car, 한국의 쏘카, 그린카 등이 카셰어링 서비스를 제공하고 있다. 그리고 카헤일링은 소비자와 서비스를 제공하는 사업자를 실시간으로 연결해주는 모빌리티 서비스로, 지정된 장소로 이용자가 직접 가야하는 카셰어링과는 달리, 이용자가 필요한 시간과 장소에 맞춰 오는 편리함이 있다. 승차공유 서비스는 2가지로 나뉘는데 회사가 보유한 차를 이용하면 B2C서비스, 개인이 소유한 차를 연결해주는 서비스인 P2P서비스로 분류된다. 대표적으로 미국의 우버Uber, 중국의 디디추싱Didi Chuxing, 싱가포르의 그랩Grab, 인도의 올라Ola, 한국의 카카오택시Kakao Taxi 등이 있다. 이러한 서비스는 고객의 입장에서 번거로움이 크게 줄며 자동차를 소유하지 않아도 사람들에게 이동에 편리함을 제공하고 자동차 소유에 따른 사회·환경적 문제를 크게 해소해 줄 수 있다. 더불어 자전거, 전동킥보드 등의 퍼스널 모빌리티도 공유기반으로 사용할 수 있게 되었다. 공유 자전거 서비스 플랫폼의 사례로 영국 산탄데르 자전거, 중국 모바이크, 서울 따릉이 등이 있으며 카카오의 전기자전거 대여서비스인 카카오T바이크가 있다. 최근 널리 확산하고 있는 공유 킥보드 서비스 플랫폼의 사례로는 독일의 공유킥보드 기업 라임LIME, 미국의 버드Bird, 국내 스타트업 킥고잉Kickgoing, 스윙SWING 등이 있다.

이러한 공유 퍼스널 모빌리티는 집 혹은 회사에서 정류장이나 지하철역까지 이동하는 퍼스트 마일First Mile과 버스정류장이나 지하철역에 내려 최종 목적지까지 도달하는 구간, 이른바 라스트마일Last Mile의 이동수단으로 각광받고 있다. 오픈서베이의 모빌리티 트렌드 리포트 2020에 따르면 대중교통을 이용하기 어려울 때 혹은 걷기 애매한 거리를 이동할 때 주로 킥보드 대여서비스를 이용한다고 나타났지만, 최근에는 평일 출퇴근할 때에도 킥보드를 이용하는 이용객이 점차 늘어나고 있다고 조사되었다[39]. 또한, 퍼스널 모빌리티의 인기와 함께 공유 자전거를 이용하여 출퇴근을 하는 '자출족'과 자전거를 이용하여 여행을 하는 '자여족' 등 여러 신조어도 등장하였다.

스마트 모빌리티 플랫폼은 스마트폰 하나로 언제 어디서든 실시간 위치확인, 최종 목적지까지의 소요시간 등을 제공해주며 사람들에게 이동의 편리함을 제공하고 있다. 이뿐만 아니라 QR코드 하나로 대여와 반납을 할 수 있어 사용의 불편함을 크게 개선시키고 있다. 그러나 몇 년 사이 퍼스널 모빌리티의 시장이 빠르게 컸지만, 현재 시행되고 있는 법률상 여러 제약이 따르면서 안전문제, 인프라 확충, 관련 정책 개선 등 여전히 풀어야 할 숙제가 남아있다. 여

39 오픈서베이(2020), 모빌리티 트렌드 리포트 2020.

러가지 해결해야 할 과제는 아직 많지만 스마트 모빌리티는 기존 대중교통으로 연결할 수 없었던 퍼스트/라스트 마일을 해결해주고 자가용 이용만큼의 편리성과 신속성을 주기 때문에 스마트 모빌리티 산업은 앞으로 더 성장할 것으로 보인다. 이러한 숙제들이 하나씩 해결됨과 동시에 스마트 모빌리티 서비스가 더욱 활성화될 것이고 블록체인과 같은 새로운 기술 및 관광산업 등 여러 산업과의 연계를 통한 다양한 서비스 제공도 활발해질 것이다.

또 다른 나만의 스마트폰, 커넥티드 카

4차 산업혁명 시대를 맞아 다양한 사업에 스마트한 바람이 불고 있다. 한 예로 특급호텔들이 스마트폰 하나로 체크인&아웃, 객실 조명 및 온도조절까지 투숙 모든 과정을 스마트폰으로 조작할 수 있게 만들었다. 또한, 스마트폰으로 가정 내 전기, 가스, 수도 등 에너지 사용량을 실시간으로 확인하고 세대 밖에서 조명, 가스, 난방 등을 원격으로 제어할 수 있다.

자동차업계에도 스마트 바람이 불고 있다. 단순한 운송수단의 개념을 넘어서 하나의 스마트폰처럼 활용하는 커넥티드 카이다. 커넥티드 카는 정보통신기술과 자동차를 연결시켜 양방향 소통을 통해 다양한 서비스를 이용할 수 있는 차량[40]을 말한다. 즉 커넥티드 카 자체가 하나의 통신기기가 된다는 뜻이다. 커넥티드 카는 실시간 길 안내, 음성 AI 제어 등 이미 우리 생활 속에 다양한 형태로 도입되고 있다.

현대자동차의 블루링크 서비스는 스마트폰과 자동차의 연동을 통해 원격으로 시동을 켜고 끌 수 있으며 안전보안부터 차량진단까지 스마트폰을 통해 실시간으로 확인할 수 있다. 또한, 위급한 상황에 대비한 긴급전화 연결, 차량 도난 시 차량 위치 등 안전기능도 제공하고 있다. 최근 카카오 i와 같이 음성인식 기능을 도입하여 운전자의 의도에 맞춰 차량을 제어할 수 있는 기술이 등장하고 있다. 운전자의 음성만으로 쉽게 제어할 수 있다는 점에서 더욱 안전한 운전을 가능하게 만들고 있다. 커넥티드 카 기술을 통해 자동차에서도 간편하게 결제할 수 있다. 제네시스 카페이는 별도의 복잡한 과정 없이 스마트폰을 이용해 결제카드와 멤버십 카드를 간편 비밀번호와 함께 등록한 후, 제휴된 주유소와 카페 등에 도착하면 간편 비밀번호만 입력하면 차 안에서 결재가 완료된다. 앞으로는 운전자의 얼굴을 인식하여 동공의 움직임과 표정을 통해 운전자의 졸음운전을 파악하고 미리 건강상태에 대한 경고를 해주는 등의 기능이 모두 실현될 날이 머지않았다.

40 네이버 지식백과 커넥티드 카(2020.08.13). Retrieved from https://terms.naver.com

스마트 모빌리티의 진화에 마침표는 없다!

스마트 모빌리티를 개발하는 기업들이 이제는 하늘로 눈을 돌렸다. 스마트 모빌리티의 끝판왕, 하늘을 나는 모빌리티 시대가 다가왔다. 우리나라 정부에서도 2030 미래 자동차 비전 선포식을 통해 2025년에 하늘을 나는 자동차, 즉 플라잉카가 실용화되고 2029년 에어택시 상용서비스를 목표로 제시하여 미래 모빌리티 시장에 적극적으로 대응하려는 계획을 발표했다. 그렇다면 플라잉카Flying Car는 무슨 의미일까? 플라잉카는 땅과 하늘을 모두 달리는 자동차[41]를 말하며, 하늘을 나는 개인형 이동수단 PAVPersonal Air Vehicle, 에어택시, 드론택시 등 다양한 용어로 불린다. 이런 플라잉카는 소음이 적고 움직임도 날렵해 도심내에서 이동이 용이하다는 장점이 있다. 현재 개인형 비행 이동수단인 헬리콥터나 경비행기도 미래 모빌리티 시장 변화에 발맞춰 변신을 꾀하고 있는데, 특히 헬리콥터의 놀라운 변화가 주목할 만하다.

헬리콥터는 보통 다양한 물건들을 수송할 때 혹은 산불 진화에 사용되기도 하고 응급환자를 수송하며 의료 지원을 하는 데에 쓰인다. 헬리콥터가 택시처럼 출퇴근을 위한 이동수단이 된다면 그리고 여행과 사진 촬영을 위해 사용된다면 어떨까, 이제는 현실이 되었다. 전 세계 플라잉카 시장에서 가장 앞선 기술력을 보유한 기업은 미국의 우버이다. 차량 호출 서비스 업체인 우버가 뉴욕 맨해튼

남부 인근 헬기장과 존 F. 케네디 국제공항 사이를 8분 만에 이동할 수 있는 헬리콥터 운송서비스인 우버콥터Uber Copter를 출시했다. 또한, 하늘을 나는 항공택시 서비스인 우버 에어Uber Air도 준비하고 있다. 우버는 플랫폼 하나로 하늘과 땅을 잇고 모든 교통수단을 제공할 수 있는 통합 모빌리티 서비스를 준비하고 있다.

국내기업들도 플라잉카 시장에 뛰어들었다. 한화시스템은 우버가 추진 중인 우버 엘리베이트의 핵심 파트너사인 오버에어와 함께 개인 항공기 '버터플라이' 개발에 매진하고 있다. 버터플라이는 전기식 수직이착륙기eVTOL타입으로 고효율과 저소음의 최적 속도 로터 기술을 적용하여 도심용 모빌리티 서비스 요구조건에 최적화된 개인 항공기이다. 이 항공기는 안전하며 환경친화적으로 설계될 예정이기 때문에 교통체증과 환경오염을 극복할 수 있을 것으로 기대되고 있다. 현대자동차 그룹은 플라잉카 모빌리티 서비스 사업을 추진하기 위해 UAM도심항공모빌리티 사업부를 신설하고 우버 등 다양한 국제적 기업과 파트너십을 맺고 세계 최고 수준의 개인용 비행체 개발에 힘쓰고 있다. 이외에 독일 스타트업 릴리움Lilium, 항공기 제작사 에어버스, 독일 볼로콥터 등 세계 150여 기업이 플라잉카를 개발 중이다.

41 네이버 지식백과 플라잉카(2020.03.01). Retrieved from https://terms.naver.com

베트남에서는 출퇴근을 위해서, 또는 먹고 싶은 음식을 배달시키기 위해서 차량 호출서비스 애플리케이션을 여는 사람들을 많이 볼 수 있다. 이제는 야외 웨딩 촬영과 여행을 아름다운 베트남의 자연이 보이는 하늘에서 즐길 수 있어 화제가 되고 있다. 2019년 베트남 차량공유업체인 패스트 고Fastgo가 패스트 스카이Fastsky라는 브랜드로 베트남 최초 헬리콥터 호출서비스를 내놓았다. 총 12명이 탑승할 수 있는 패스트 스카이는 특별한 추억을 남기고 싶은 외국인 관광객과 신혼부부를 주 고객층으로 삼았으며 이들에게 베트남 하롱베이 인근과 하노이 홍강을 여행할 수 있는 헬리투어 서비스와 웨딩촬영을 지원하는 헬리웨딩 서비스를 제공한다. 패스트 스카이의 어플리케이션으로 원하는 서비스의 종류, 날짜와 시간 등의 기본 정보를 입력하면 편리하게 이용할 수 있다. 또한, 출장이 필요한 사업가를 대상으로 하는 스카이 플러스 서비스와 응급환자를 이송하는 의료서비스도 단계별로 준비하고 있다. 이제 베트남에서 헬리콥터 대중화가 시작되었음을 알 수 있다.

끊임없이 발전하는 스마트 모빌리티는 거부할 수 없는 글로벌 트렌드이다. 향후 스마트 모빌리티 산업의 발전은 영역 구분 없이 활발히 전개될 것이며 상상 속에 꿈꿔왔던 모빌리티가 언제, 어떻게 구현될지 기대된다.

모빌리티의 발전이 여전히 ing이듯,
우리가 상상하는 미래의 모빌리티 세상도 여전히 ing이다.

Part 2

'나의 여행 속 골라 타는 재미가 있다.'

여러 개를 하나로 묶는 통합 모빌리티 서비스 생태계

스마트 모빌리티는 어느새 우리 삶에 깊숙이 들어와 있다. 거리에서 전동킥보드와 공유 자전거를 타는 사람들이 늘어나는가 싶더니, 어느새 우리 자신이 전동킥보드나 공유자전거 이용객이 되어 생활하고 있다. 이렇게 일상이 된 스마트 모빌리티 사회에서 우리가 선택할 수 있는 모빌리티 종류는 많고 최종 목적지까지 어떤 것을 탈지, 어떻게 이동하는 것이 효율적인지 고민한다. 현재 국내에서는 대중교통 경로 안내서비스, 택시 이용서비스, 공유자전거 및 전동킥보드 공유서비스, 철도 등 각각 부분적으로 구현되고 있다. 그러나 기술의 발달과 함께 대중교통, 공유 퍼스널 모빌리티, 렌트

카, 선박, 항공 등 통합 검색, 통합된 경로 제공, 통합된 예약 및 결제 서비스가 구현이 가능해졌다. 이것이 바로 서비스형 모빌리티 Mobility as a Service이며 약자로 마스 MasS로도 불린다.

마스 MaaS란 전동휠, 자전거, 승용차, 버스, 택시, 철도, 비행기 등 모든 모빌리티의 서비스화[42]를 의미한다. 마스 MasS는 하나의 통합 어플리케이션을 통해 개인 맞춤형 경로 제공과 예약 및 결제서비스를 제공하여 개인화된 편리함을 제공하고, 인프라를 효율적으로 사용하며 교통체증을 줄여주는 해법으로 전 세계로부터 주목받고 있다. 통합 모빌리티 서비스인 마스 MaaS를 처음으로 도입하여 도시의 교통체증을 해결하고자 했던 도시는 핀란드의 헬싱키이다. 핀란드 헬싱키는 2025년까지 자동차가 없는 도시를 만드는 것을 목표로 지상 노면을 다니는 전차 트렘, 열차, 택시, 버스, 공유 모빌리티 등 모든 이동수단에 대한 서비스를 제공하는 통합 어플리케이션 윔 Whim을 2016년에 출시하였다.

핀란드의 윔 Whim 출시 전과 후를 비교한 조사에 따르면 윔 Whim을 도입한 후 대중교통 이용률이 48%에서 74%까지 증가했으며 자가용 이용률은 40%에서 20%로 감소했다고 알려졌다[43]. 통합 모빌

42 네이버 지식백과 마스(MaaS)(2020.03.01). Retrieved from https://terms.naver.com
43 백주원(2020.02.16.), 승차공유서 항공권 예약까지 국내도 'MaaS시대' 열린다, 서울경제

리티 생태계 구축을 통해 도심 내 차량감소로 차량 흐름이 개선되었고 배기가스의 총량 또한 줄이는 긍정적인 효과를 가져온 것이다. 이러한 효과로 국내를 비롯한 싱가포르, 일본, 여러 도시가 핀란드의 통합 모빌리티 생태계 구축을 벤치마킹하고 있다. 우리는 여행의 출발부터 마지막까지 최적의 시간과 편안한 여정을 최우선으로 고려한다. 이런 측면에서 모든 이동방식을 통합한 마스MaaS의 중요성은 크다. 다양한 이동수단을 통합된 서비스는 우리의 여행을 보다 편안하고 효율적으로 계획할 수 있도록 도와줄 것이다.

여행인싸들의 인싸템인 스마트 모빌리티를 이용한 그들의 여행

사회 전반에 걸쳐 많은 변화를 가져온 기술의 발전은 관광산업에도 큰 변화를 일으켰다.

인터넷의 발전은 웹사이트를 이용하여 여행 전·후의 정보를 얻는 e-관광e-tourism과 같은 새로운 개념을 등장시켰고, 정보통신기술의 발전은 여행 전 · 후 단계는 물론 여행 중에도 스마트폰을 통하여 실시간으로 정확한 정보를 얻고 원하는 상품을 구매하며 공유하는 스마트관광이라는 관광 패러다임의 변화를 가져왔다[44]. 2018년 외래관광객 실태조사에 따르면 방한 외래관광객 78.3%가 스마트폰을 활용해 관광정보를 얻고 있으며 예약, 결제 등 다양한 서비스가 스마트폰을 통해 이뤄지는 등 스마트관광에 관한 관심이 높아지고 있음을 볼 수 있다[45]. 스마트관광은 빅데이터, 인공지능으로 관광객의 개별특성을 파악하여 맞춤형 관광서비스를 제공하는 단계까지 성장하고 있고 스마트한 관광서비스와 환경을 제공하는 기업과 도시도 많아졌다. 그뿐만 아니라 여행과 일상생활의 경계가 허물어진 현상도 함께 나타났다. 2018년 한국관광공사에서 선정한 여행트렌드 중 휴가를 멀리 가지 않고 가까운 거리에서 보내는 사회현상을 뜻하는 스테이케이션Staycation과 2019년에는 언제든 감행하는 연중여행Go any time이 선정되었다.

여행은 특별한 것이 아닌 언제든지 떠날 수 있는 의미로 변화했고 여행의 일상화, 가까운 근거리 여행, 한달살기 등의 선호도가 높아졌다. 이러한 여행 트렌드에 따라 스마트 모빌리티를 이용하여 일상여행을 제공하는 상품도 출시했다. 이브이패스는 친환경 전동킥보드를 이용해 제주도와 순천 구석구석 여행할 수 있는 관광을 제공한다. 단순한 이동수단을 넘어 함께 여행하는 친구이자 가이드인 킥보드로 자동차로 갈 수 없는 곳을 여행하고 드라이브 여행과

44 신선진·김성혐·노희섭·구철모(2018). "4차 산업혁명시대의 스마트관광 생태계 고찰 -제주특별자치도 사례를 중심으로-", 기업경영연구, 25(6), 2-17.
45 문화체육관광부(2019), 2018 외래관광객 실태조사.

도보여행과는 다른 색다르고 다양한 속도의 여행을 선사한다. 즉 이동 자체가 즐겁고 안전한 여행 경험이 되는 관광문화를 만들어 가고 있다.

글래드 호텔앤리조트는 제주도를 여행하는 고객에게 특별한 여행을 할 수 있도록 퍼스널 모빌리티 서비스 회사인 스윙SWING과 업무제휴를 맺고 콜라보 프로모션과 객실패키지를 선보였었다. 객실 1박과 함께 전동킥보드를 무료로 이용할 수 있는 스윙객실패키지는 고객에게 킥보드를 타고 제주도의 아름다운 자연을 온몸으로 느끼며 여행할 수 있도록 특별한 경험을 선사했고 현재 해당 패키지는 종료됐다. 글래드호텔의 유튜브 채널에서는 제주의 킥보드 핫스팟 영상을 선보여 이동수단에 그치지 않고 여행의 동반자로서 전동킥보드를 타고 제주여행을 떠날 수 있는 욕구를 불러일으켰다.

자동차를 끌고 여행목적지로 가서 자동차에 장착된 개인용 전동스쿠터를 꺼내 자동차로 갈 수 없는 최종 여행목적지로 여행하는 날이 머지않았다. 현대자동차는 다가올 미래 모빌리티 시대에 고객의 이동의 시작부터 끝까지 책임지는 '토탈 모빌리티 솔루션'으로 자동차 빌트인 타입의 전동스쿠터를 공개했다. 이 전동스쿠터는 차량 내 전용 수납공간에 넣은 뒤 운행과정에서 발생하는 전기를 활용해 자동으로 충전되며 서류만한 크기로 접어서 손쉽게 가지고 다닐 수 있게 개발되었다. 이 전동킥보드는 2021년경 출시되는 신차에 선택사양으로 탑재하는 방안을 검토하고 있다고 밝혔다. 자동차

[출처] 좌: ㈜이브이패스, 우: 메종드글래드 호텔 공식 인스타그램(@maisonglad).

"

여행에서 이동수단의 안전성, 예약 및 결제의 용이성 외에도

이동 중에 느끼게 되는 감정에 집중하는 상황이 많이 발생하게 되므로

이동 경험도 중요한 포인트가 될 수 있다.

"

에 장착된 전동스쿠터는 보다 재미있고 즐거운 여가활동에 기여할 뿐만 아니라 빠르고 편안하게 이동하면서 우리의 삶에 활력소가 될 것으로 보인다.

나만의 차로 떠나는 여행, '오늘은 차박 너로 정했어!'

2019년을 뜨겁게 달궜던 여행과 관련된 예능방송이 있다. 그 주인공은 데뷔 21주년을 맞은 1세대 아이돌 핑클이 완전체로 모여 그녀들의 좌충우돌 캠핑이야기를 담은 '캠핑클럽'이다. 그녀들의 패션, 캠핑카, 캠핑용품 등 매주 화제가 되었고 그중에서 주목된 것은

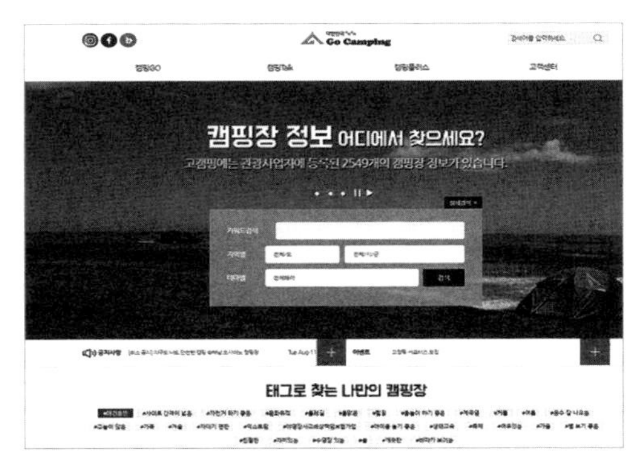

[출처] 한국관광공사 고캠핑, 2020년.1.6 기준

캠핑클럽 촬영지와 캠핑카였다.

워라밸 문화로 주말 동안 부담 없이 여행을 즐기는 사람이 늘어나며 캠핑클럽 촬영지로 캠핑을 떠나는 이들이 많았다. 실제로 문화체육관광부가 조사한 2019년 국민여가활동조사에 따르면 휴가 중 가장 많이 한 여가활동에 대한 질문에 16%가 국내캠핑으로 응답했다[46]. 캠핑을 떠나는 사람들이 늘어나면서 자연스럽게 캠핑산업도 성장하고 있다. 문화체육관광부의 2018 관광사업체조사에 따르면 우리나라에 등록된 2018년 야영장 사업체 수는 총 2,336개소로 지난 3년간 꾸준히 증가하고 있다[47]. GKL 사회공헌재단에서 발표한 캠핑산업현황 통계조사 보고서에서 캠핑산업 규모는 2016년 1조 5천억 원, 2017년 2조 원, 2018년 2조 6천억 원으로 3년간 지속해서 증가한 것으로 나타났다[48].

캠핑은 글램핑, 백패킹, 비박, 카라반 캠핑 등 형태가 다양화되었고 자신의 취향에 맞는 캠핑을 떠나는 점이 캠핑의 트렌드이다. 이를 위해 한국관광공사에서는 필요한 캠핑정보를 제공하기 위해 고캠핑 홈페이지를 개설하여 운영 중이다. 고캠핑 홈페이지에는 관광

46 문화체육관광부(2019), 2019 국민여가활동조사.
47 문화체육관광부(2020), 2018 관광사업체조사.
48 GKL사회공헌재단·캠핑아웃도어진흥원(2020), 캠핑산업현황 통계조사 보고서.

사업자에 등록된 캠핑장의 정보, 태그로 찾는 나만의 캠핑장, 캠핑족을 위한 꿀팁, 캠핑요리 레시피 등 유익한 정보를 제공하고 있다.

그리고 코로나19로 언택트가 가능한 여가활동이 주목받고 있다. 집에서 캠핑 장비를 사용하면서 캠핑 기분을 내는 홈핑, 도심이 아닌 사람이 드문 시골 민박집에서의 여행, 방구석에서 랜선을 통해 떠나는 공짜여행 등 여가풍경이 변했다.

특히 최근 인기가 높은 것은 '차박 캠핑'이다. 차박은 차에서 숙박의 줄임말로 여행할 때 차에서 잠을 자면서 머무르는 캠핑이다. 차박 캠핑은 타인과의 접촉을 최소화하면서 숙소를 따로 알아보지 않고 즉흥적으로 떠날 수 있어 캠핑에 입문한 초보인 캠린이도 쉽게 도전할 수 있는 캠핑으로 꼽힌다. 무엇보다도 차박 캠핑의 열풍에 불을 지핀 것은 자동차관리법의 개정으로 어떠한 종류의 차량도 캠핑카로 개조할 수 있게 되면서부터다. 또한, 올해 5월부터는 화물차의 차종을 변경하지 않아도 차량 적재함에 캠핑용 장비인 캠퍼를 장착할 수 있게 되었고 현대자동차의 캠핑카 포레스트 출시 등 국내 캠핑카 시장이 활성화되었다. 현대자동차는 최근 차박에 대한 소비자의 관심을 반영하여 차박체험 플랫폼인 '휠핑Wheelping'을 선보인다. 자동차의 휠Wheel과 캠핑Camping을 결합하여 탄생한 휠핑Wheelping은 고객들에게 신형SUV 차량 무료시승 기회와 함께 매력적인 차박여행 경험을 제공한다. 캠핑 전문브랜드 미니멀웍스와 제휴하여 유상으로 차박용품을 대여해주고 웰컴패키지를 제공할 계

[출처] 캠쓰루 제공

"

북적이는 사람 걱정 없이 차 한 대로 떠나

오롯이 나만의 공간에서 즐기는 여행이 가장 완벽한 여행인 시대!

"

획에 있다.

자신의 취향을 반영하여 차량을 개조하거나 아기자기한 소품으로 꾸민 캠핑카로 감성캠핑을 즐기는 새로운 트렌드가 형성됐다. 이러한 트렌드는 #캠린이, #차박스타그램 관련 해시태그 증가, 차박을 주제로 한 KBS Joy 예능프로그램 '나는 차였어'의 등장, 한정판 마케팅에서의 캠핑용품 등장 등 다양한 각도에서 차박의 인기를 찾을 수 있다. 이뿐만 아니라 캠핑, 차박 관련 여행유투버의 영상도 연일 업로드 되고 있다.

비대면 형태의 여행이자 자신만의 공간을 만들 수 있고 편안하게 이동하며 캠핑할 수 있는 차박 캠핑의 성장은 향후 지속될 것으로 보인다. 하지만 캠핑문화의 성장 이면에는 화재, 사고, 쓰레기 처리문제 등의 문제도 존재하기 때문에 안전하고 친환경 캠핑을 위한 국가적인 노력과 캠핑족의 노력이 중요할 것이다.

모빌루션 챕터에서는 스마트 모빌리티의 성장과 스마트 모빌리티와 함께하는 여행을 이야기했다. 여행 중 다양한 모빌리티를 선택하여 이용하고 나의 모빌리티를 개조하여 캠핑을 떠나는 등 스마트 모빌리티 산업의 성장은 여행산업과 밀접한 연관이 있다고 본다. 다양한 이동수단이 넘쳐나는 이 시대에 이동수단을 하나로 통합하는 서비스가 구현된다면 넷플릭스와 같이 매달 일정요금을 내고 자신이 원하는 영상을 무제한 볼 수 있는 구독 서비스처럼 매달 이용요금을 내고 자신이 원하는 스마트 모빌리티를 선택하여 자유롭게 이동하고 여행하는 시대가 성큼 다가올 것이다. 그리고 앞으로 등장할 미래의 모빌리티는 분명 우리의 여행을 더욱 즐겁게 만들어 줄 것이다.

Chapter 04

마싸현싸,

"마음은 인싸인데 현실은 아싸인 이들의 삶과 여행법"

BOARDING PASS

PASSENGER
PLANB

SEAT
20D

DEP.
1:30 PM
15 FEB 2021

마싸현싸[50]

"마음은 인싸[51]인데
현실은 아싸[52]인 이들의 삶과 여행법"

FLIGHT
KORLINE

GATE
C21

SEAT
20D

PASSENGER
PLANB

DEP.
1:30 PM
15 FEB 2021

서구화된 사회 속, 인간관계의 양과 질은 변화하고 있다. 인간관계의 피로감이 가져온 '관태기(關怠期)[53]'는 타인과 어울려 사는 삶보다는 나 자신의 행복을 위한, 오로지 나를 위한 삶이 중요하다는 트렌드를 새로이 형성하였다. 이로 인하여, '욜로', '소확행', '가심비', '워라밸' 등의 사회현상이 등장하였고 사람들은 자발적으로 인싸 보다는 아싸를 선택하기 시작하였다.

최근 자발적 아싸를 추구하던 이들의 여행 이정표는 이전과는 조금 달라 보인다. 이들은 여행을 일상처럼, 일상을 여행처럼, 여행이 스트리밍 되기를 원하며, 관광객으로서가 아닌 현지인의 생활에 그대로 스며들어 여행하기를 원한다. 또한, 일상생활에 지친 현대인들은 계획을 세우는 것조차 하나의 일이라 생각하며 무작정 떠나기도 한다. 일상생활에서 겪은 스트레스를 해소하기 위해 일상생활 속 무계획적 도피를 즐기는 셈이다. 여기서 우리가 주목해야할 점은 인간관계에 지쳐 자발적으로 아싸를 자처하던 이들이, 여행이라는 하나의 프레임 안에서는 새로운 관계를 형성하려는 인싸의 모습

50 '마음'은 '인싸'인데 '현실'은 '아싸'의 의미 사용.
51 조직이나 무리(모임) 안에서 다른 이들과 잘 어울리는 친화력이 좋은 사람을 의미. '인사이더(insider)'의 줄임말.
52 조직이나 무리(모임) 안에서 어울리지 못하고 혼자 지내는 사람을 의미. '아웃사이더(outsider)'의 줄임말.
53 '관계'와 '권태기'를 합성한 신조어로, 새로운 사람과 관계를 맺는 것에 회의적인 상태를 일컫는 말

을 내비친다는 것이다. 사회생활, 일상생활 속의 관태기에서 벗어나 자신만의 휴식을 위해 무작정 떠난 여행이지만, 그 속에서도 또 다른 형태의 관계를 형성하고자 하는 것이다. 이뿐만이 아니다. 모바일 메신저와 여행 카페를 통해 여행일정을 함께할 새로운 여행메이트를 구하기도 하고, 여행 속 자신이 경험하고 느낀 점을 가득 담아 SNS에 업데이트하며 SNS 친구들과 자신의 개인적 여행 이야기를 공유하기도 한다. 분명 세상에서 가장 자유로운 영혼인 것처럼, 홀홀단신 떠난 여행임에도 불구하고 그 속에서 생각지도 못한 새로운 인연을 은연중에 기대하기도 하고, 또 한편으론 SNS의 친구들에게는 너무나 자연스럽게 자신의 여행을 자랑하고자 한다는 것이다. 이러한 여행법은 굉장히 이중적 모습이 함께 공존하는 형태로 보여지며, 그들의 독특한 여행심리에 또 한번 호기심을 갖게 한다.

시대와 트렌드가 변화하고 있고, 이렇게 변화된 트렌드는 자연스레 여행자의 삶에도 반영되고 있다. 그토록 혼자이고 싶어 떠난 여행이지만 한편으로는 완전한 혼자는 싫은, 어쩌면 마음은 인싸인데 현실은 아싸였던 이들의 새로운 여행유형과 여행법을 구체적으로 살펴보자.

Part 1

혼자 떠나는 여행

가장 완벽한 계획은 무계획
: 계획 없이 떠나는 즉흥여행의 끝판왕

초등학교 시절 방학 생활계획표부터 시작된 우리의 계획 세우기는 중 고등학교를 거쳐 대학, 그리고 사회생활 속 업무, 사업계획서에까지 이른다. 우리는 짧게는 하루부터 길게는 평생을 계획을 세우고 또 세우며 쳇바퀴 돌 듯 일정하게 반복되는 일생의 긴 계획 속에서 살아가고 있다고 해도 과언이 아니다. 하지만 작심삼일(作心三日)이라는 말이 있듯, 마음의 결심은 사흘을 가기가 쉽지 않다. 굳은 다짐에도 예상치 못한 갑작스런 변수에 무너져 내리는 게 현실이다. 이처럼 인생사 내 맘처럼 늘 계획대로만 되지는 않는 현실에 대해 한국 영화사 최초로 칸 영화제 황금종려상을 수상한 봉준호 감독의 '기생충'에서는 아래와 같이 말하고 있다.

"가장 완벽한 계획이 뭔지 알아? 무계획이야."

- 영화 '기생충'의 한 대사 중 -

늘 계획을 세우고 틀어진 계획을 또 새롭게 다시 계획하면서, 쳇바퀴 속 삶을 사는 이들에게 '무계획'이란 표현은 마치 일상을 도피하는 것처럼 느껴지는 것이다. 오히려 괜한 불안감에 사로잡혀 초조한 마음으로 익숙치 않은 감정을 느끼게 될 수도 있다. 하지만 일상을 벗어난 행복한 도피, 그게 여행이라면 어떻게 될까? 여행가방보다 무겁게만 느껴지는 빽빽한 여행 스케줄을 세우던 시절은 지났다. 최근 여행자들은 '가장 완벽한 계획은 무계획'이라 답하며, 계획으로 꽉 채운 여정이 아닌 가볍게 훌쩍 떠나는 즉.흥.여.행.을 선호하고 있다. 이번 주말 퇴근은 제주도로, 다음 주말 나들이는 '양꼬치엔 칭따오' 실행을 위해 청도로 떠나는 것이 그리 어색하지만은 않은 현실여행이 되었다.

2019년 11월, 온라인 여행사인 익스피디아가 2040 학생 및 직장인 남녀 500명을 대상으로 실시한 설문조사에 따르면, 한국인 여행객 10명 중 무려 9명은 즉흥여행을 경험한 적이 있다고 응답했다[54].

54 익스피디아(2019), 즉흥여행 수요와 구매 트렌드 설문조사.

일사천리인 한국인답게 한 번 여행을 결심하고 나면, 그리 오랜 고민 없이 약 62%의 응답자가 하루 만에 여행 상품을 구매했으며, 이 중 11.2%는 '최종결정에 1시간도 채걸리지 않았다'고 답하였다. 즉흥여행의 대표적인 예로 요즘 유행하는 호캉스와 근거리 여행의 증가를 들 수 있다. 그렇다고 당일과 근거리 여행만이 즉흥여행의 패턴이라고 단정할 수는 없다. 익스피디아의 조사 결과를 살펴보면 즉흥여행 선택지로 제주, 강릉, 부산 등의 국내여행이 가장 많은 부분을 차지하였으나, 이 중 약 33%는 포르투갈, 런던 등의 해외 장거리 여행까지도 즉흥적으로 결정하는 것으로 나타났다. 일주일 이상 여행을 계획하고 고민한다는 이들은 응답자의 8.9%에 그쳤다. 온라인 여행 플랫폼인 마이리얼트립에서도 현지 체험상품 중 30%는 체험 시작 이틀 전 현지에서 예약된 건으로 나타났다[55]. 이러한

'즉흥여행 수요와 구매 트렌드 설문조사' 주요 응답 결과

10명 중 9명(91.4%)	'즉흥적으로 여행을 떠나본 경험이 있다' 바쁜 일상에서 여행을 준비하는 과정에 피로감을 느껴(57.8%)
10명 중 6명(61.9%)	'여행을 결심한 후 하루 안에 여행상품을 결제했다' 예약까지 1시간도 걸리지 않았다(11.2%)
세대별 즉흥여행의 이유	**20대** : 여행 자체의 날 것 그대로의 경험을 중시 **30대** : 혼자 부담 없이 떠나거나, 쉬는 여행을 위해 **40대** : 친구나 가족의 동행 권유에 의해

[출처] 익스피디아(2019), 즉흥여행 수요와 구매 트렌드 설문조사.

결과를 보더라도 현지에서 유동적으로 혹은 즉흥적으로 계획을 수립하는 여행객이 많다는 것을 알 수 있다.

그토록 일상에선 그럴듯한 계획을 세우던 이들이 왜 여행만은 훌쩍 계획 없이 떠나는 것일까? 하나투어의 조사에 따르면, 해외 여행객 2,100여 명 중 21.8%가 특가항공권 혹은 특가 여행상품의 영향을 받아 여행을 결정한 것으로 나타났다[56]. 출발일이 임박하였음에도 상대적으로 저렴한 가격이 소비자의 마음을 움직인 것으로 보인다. 이는 앞선 익스피디아의 조사에서도 알 수 있는 소비자 성향으로, 조사 대상 10명 중 3명인 30.4%는 여행준비에 있어 추가 할인 혜택을 위하여 한 여행플랫폼만을 이용하는 움직임이 있었다. 특히 응답자 절반 이상은 바쁜 일상 속 여행을 준비하는 과정에 피로감을 느낀다고 조사되었으며 '여행을 준비 하는 시간과 여행상품 만족도가 비례하는 것은 아니다'라는 의견을 보였다. 세대별로 보자면, 20대의 경우에는 세심한 사전준비보다는 매 순간 여행지에 따라 자신이 하고 싶은 경험을 바로 하고자 하는 욕구가 즉흥여행으로 이어졌다. 이어서 30대는 위에서 말한 피로감이 가장 강하게

55 김미리·이영빈(2019.04.20.), "언제 또 오겠냐" 빡빡했던 일정 → "또 오면 되지" 덜어내는 여행으로, 조선일보.

56 조성신(2017.11.13.), 해외 여행객 급증 속 올해 여행트렌드 10대 키워드는?, 매일경제.

나타났으며, 이로 인해 여행준비를 최소화하고 마음 편히 쉴 수 있는 즉흥여행을 선호하였다. 특히, 이들은 동행 없이 나 홀로 떠나는 혼행이 세대 중 가장 높게 나타났다. 마지막으로 40대의 절반 이상은 주변인의 권유로 즉흥여행을 떠나는 것으로 나타났다.

이렇듯, 과거 여행을 준비하면서 설레였던 시간들은 오히려 부담감과 피로감으로 다가오기도 한다. 완벽한 여행준비가 반드시 만족스런 여행을 이끄는 것은 아니다. 즉흥여행은 serendipity 뜻밖의 발견, 우연한 행운와 같이 우연한 여행의 행복을 가져다주는 기회가 되기도 한다. 시시각각 변화하는 여행지의 날씨와 현지 상황에 따른 색다른 경험과 새로운 이들을 만날 수 있는 즉흥여행은 예기치 못한 즐거움을 여행객들에게 선사하기도 한다.

정진원 노랑풍선 전무는 2019년 조선일보와의 인터뷰에서 30년 전의 자신이 여행하던 시절에는 대부분이 '플러스'여행을 즐겼다면, 현재는 '마이너스'여행 즉, 덜어내는 여행으로 변화하고 있음을 말하였다[57]. 즉흥여행은 '언제 또 올 수 있을까?'라는 여행의 의문을 '또 오면 되지!'라는 여유로 변화시켰으며, 여백의 미가 있는 여행을 대표하고 있다. 자, 이제 여행을 떠나는 자신에게 여행의 계획을 묻는 이들에게 당당히 답하자. "계획 없는 여행이 제 계획입니다만?"

현필갱어, 적게 쓰고 오래 노는 여행의 기술!

현지인 코스프레

관광 명소에 '발도장' 찍고 오는 여행의 시대를 지나, 낯선 도시에서 최대한 길게 체류하며 현지에서 '살아보는' 여행이 주목을 받고 있다. 이를 대개 '한 달 살기'라는 명칭으로 부르나, 이름 그대로 딱 한 달만 사는 것은 아니다. 최근에는 한 달을 넘어 시간만 충분하다면 장기적으로 여러 도시를 분기별로 옮겨 다니는 스트리밍streaming 라이프 형태의 여행이 인기를 끌고 있다. 이 글에선 간단히 '스트리밍 여행'이라 명하겠다.

스트리밍 여행의 열풍이 갑자기 나타난 것은 아니다. 영구적인 소유로 인한 니즈보다는 구독 혹은 대여와 공유 서비스를 통한 다양한 경험에 가치를 둔 소비로 소비자들의 니즈가 변해가고 있다. 다시 말해, 기존의 재화 구매 후 소유하는 형태의 소비방식이 이제는 완전한 소유가 아닌 경험에 중점을 둔 소비방식으로 변한 것이다. 〈트렌드 코리아 2020〉에서는 스트리밍 라이프를 2020년 소비트렌드 10가지 중 하나로 지정하기도 하였다[58]. 이러한 소비방식의 변화를 크게 느낄 수 있는 분야는 유튜브 뮤직, 넷플릭스, 왓차

57 김미리·이영빈(2019.04.20.), "언제 또 오겠냐" 빡빡했던 일정 → "또 오면 되지" 덜어내는 여행으로, 조선일보.

58 김난도·전미영·최지혜·이향은·이준영·김서영·이수진·서유현·권정윤(2019), 트렌드 코리아 2020, 미래의창.

플레이 등의 OTT서비스Over The Top를 통한 음악과 영상분야이다. 'CD를 굽다', '음악을 다운하다'라는 표현은 이미 낡고 낡은 구시대적 표현이다. 수업도 스트리밍 실시간으로 듣는 시대이기에 네트워크만 연결되어 있다면, 음악과 영상을 굳이 소유하지 않아도 스트리밍을 통해 경험할 수 있다. 스트리밍 라이프에 점차 익숙해진 소비자들은 음악과 영상 외에도 삶에 필요한 모든 재화를 스트리밍하고자 한다. 전동 킥보드를 타고 학교에 등하교 하고, 고가의 스포츠카를 빌려 근교 여행을 떠나고 명품 옷과 가방을 스트리밍하기도 한다. 그야말로, 우리의 라이프는 '스트리밍 라이프'화 되어가고 있다. 집도 빌려 쓰는 시대에 여행은 어떠할까? 앞서 이야기했지만, 여행의 기본인 이동을 돕는 이동수단의 스트리밍을 넘어서 이젠 평

2019 스트리밍 여행지 인기 순위

순위	나라	도시
1	태국	방콕
2	필리핀	마닐라
3	베트남	호치민
4	필리핀	클락
5	베트남	하노이
6	캐나다	벤쿠버
7	미국	로스앤젤레스
8	캄보디아	프놈펜
9	태국	치앙마이
10	말레이시아	쿠알라룸푸르

[출처] 인터파크투어 보도자료. (해외항공권 DB기반, IN&OUT이 동일한 29-31일 체류 기준)

소 꿈꾸고 로망하던 공간, 여행지 그 자체를 스트리밍하곤 한다.

여행 인플루언서 '신아로미'는 주로 동남아 도시를 장기 체류하며, 언제까지 어디를 여행할지 본인도 모르는 여행을 하고 있다. 그녀는 '하고 싶은 것을 하고 살아도 큰일은 나지 않는다'라며 자신의 여행방식을 게으른 '세계살이'라고 말하고 있다. 여행지에서 우연히 만난 일본인 아내와 전 재산 27만 원으로 결혼한 다소 특이하다면 특이한 여행작가 '미니멀 유목민' 또한 물욕, 탐욕, 소유욕을 버리고 라이프는 미니멀이지만 여행기간은 맥시멈인 스트리밍 여행을 몸소 체험하고 있다. 스트리밍 여행이 여행을 직업으로 가진 이들만 누릴 수 있는 것은 아니다. 숨 가쁜 랜드마크 땅따먹기 대신 실컷 늦잠 자고 일어나 현지를 천천히 산책하는 것, 인터넷을 한참 찾아 알아낸 유명 레스토랑이 아닌 동네 맛집에서 소박한 식사를 하는 것, 이러한 선택은 누구에게나 열려있다. 스트리밍 여행은 발도장이 아닌 인생의 쉼표를 찍는 여행이다.

위와 같이 특정 지역에서 1개월여 기간 동안 체류하는 스트리밍 여행의 인기는 계속해서 증가하고 있는 추세다. 인터파크 투어가 2016년부터 2018년 3년간의 해외 항공권 데이터를 분석한 결과에 따르면, 스트리밍 여행의 수요는 무려 198% 증가했다[59]. 가장 많이

59 인터파크투어(2019.03.04), '한 달 살기' 열풍에 인기 여행지 분석, 인터파크 보도자료.

찾은 여행지로는 태국이 1위를 차지했으며, 필리핀, 베트남이 그 뒤를 이었다. 이렇듯 동남아가 장기 체류 여행지로 손꼽히는 이유로는 저렴한 물가로 숙식 해결에 많은 돈이 들지 않고 비교적 자연 환경이 깨끗한 휴양지로 여행 인프라 또한 발달했기 때문이다.

스트리밍 여행의 인기와 함께 소위 여행 '꾼'이라 불리는 이들의 여행은 조금 더 독해지고 있다. 단순히 여행지에서 1개월 이상 머무는 거주공간의 스트리밍이 아닌, 현지인의 삶을 그대로 베끼는 현지인 코스프레 여행법이 떠오르고 있는 것이다. 이는 적게 쓰고 오래 노는 여행을 가능케 하여 조금이라도 더 오래 그 삶을 스트리밍 하고자 하는 현지인 도플갱어 추구자들, 즉 현필갱어들에게 주로 나타나고 있다. 현필갱어들의 여행법을 조금 더 자세히 들여다보자.

1. 호텔 아니고 가정집! 주방 있으면 나이스(nice)구요.

'여행은 살아보는 거야'라는 슬로건으로 숙박 공유를 널리 전파한 숙박플랫폼 에어비앤비airbnb의 등장은 국외 스트리밍 여행 확산에 디딤돌 역할을 해주었다. 스트리밍 여행자들이 찾는 아름다운 휴양지의 호텔과 리조트는 장기 체류하기엔 상당한 금액이 드는 반면, 에어비앤비의 숙소는 저렴한 가격으로 장기 숙박 공간 보장이 가능하다. 애초에 숙박 공유플랫폼을 이용하는 이들 중 대부분은 호텔의 대리석 바닥보다는 지역에 자연스럽게 스며든 가정집을 찾는다. 에어비앤비의 설립 초기 취지 또한 기존의 호텔이 아닌 지역의 특색을 담은 가정집부터 오두막, 선상 가옥, 이글루 등의 모험적이고 새로운 여행을 즐길 수 있는 공간의 공유였다[60]. 게다가 가정집 숙소의 경우, 음식을 직접 할 수 있는 주방시설이 구비되어져 있어 현지 음식을 사 먹는 것을 넘어 직접 가정식으로 조리해 체험하고자 하는 현필갱어들에게 큰 각광을 받고 있다. 굳이 플랫폼을 거치지 않더라도 정보를 공유하고자 하는 이들이 모인 커뮤니티에서 각 도시의 현지 부동산 업체의 정보를 제공받을 수 있기도 하다.

2. 피자, 햄버거 말고 그 집 냉장고가 궁금한데요.

'삼시세끼' 시리즈의 차승원과 유해진은 내던져진 무지의 장소에서 다양한 요리를 선보이며 시청자들의 인기를 끌었다. 특히, 직접 잡은 물고기와 마당의 나물로 만든 반찬, 애지중지 키운 닭의 소중한 달걀로 탄생한 그들만의 삼시세끼는 해당 지역의 정취를 가득 담은 요리였다. 이어진 '스페인 하숙'에서도 스페인을 여행하며 한식을 그리워할 한국인들에게 스페인의 식재료로 특별한 한식을 만들어 큰 화제를 모았다. 낯선 재료로 만드는 친숙한 한끼였다.

60 '레이 갤러거(2017), 에어비앤비 스토리, 다산북스.'의 내용 참고.

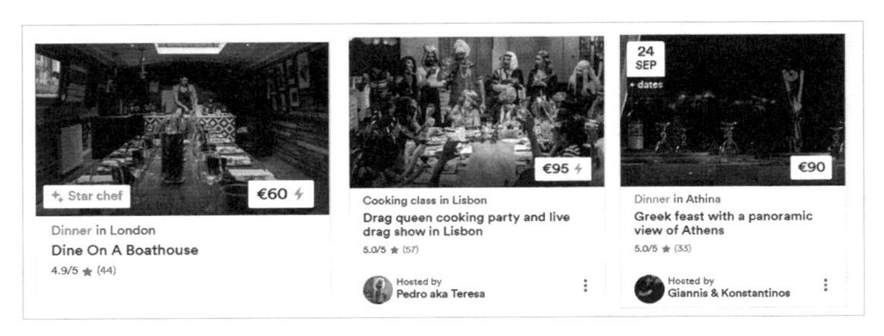

[출처] 잇위드(EatWith) 공식 홈페이지.

스페인에서 김치를 담그더라도 스페인 배추로 담그고자 하는 게 요즘 여행자들의 여행 태도이다. 물론, 익숙한 정주지를 떠나 새로운 장소에서 맥도날드의 빅맥을 먹는 것도 새로운 경험이지만 이왕이면 골목길 안의 숨겨진 맛집, 지역민들만 아는 핫플레이스에서 식사를 하고자 하는 것이다. 다시 말해, 현필갱어들은 자신이 머무는 지역의 현지인들이 먹는 삼시세끼를 궁금해 하고 이를 그대로 경험하고자 한다. 그들이 머무는 곳이 나폴리라면 그 음식은 바로 현지식 피자가 될 것이다.

현지 가정식을 맛볼 기회를 본격적으로 주선하는 플랫폼도 생겨나고 있다. 사실 대개 관광객들이 '관광객용 음식'을 제공하는 음식점만을 경험하다 돌아오는 경우가 비일비재하다. 가정식은 현지의 식음료 및 문화에 대한 이해뿐만 아니라 지역민과의 접촉을 매개하는 수단이 되기도 한다. 이에 앞장 서는 이스라엘 벤처기업 '잇위드EatWith'는 요리를 사랑하는 호스트가 여행자, 지역 주민 그리고 외국인을 자신의 집으로 초대해 가정식을 제공하고, 더 나아가 서로 어울릴 수 있는 만남의 장을 제공하는 플랫폼이다. 쉽게 말해 이스라엘판 '한끼 줍쇼[61]', 요리계의 에어비앤비이다. 특히, 잇위드는 보트 하우스에서의 식사, 소나무 숲 아래에서의 식사와 같이 장소를 특정할 수도 있으며, 암스테르담 예술가와의 식사, 유명 작가 혹은 쉐프와의 식사처럼 특별한 호스트를 선택할 수도 있다.

3. 꼭 뭘 해야 하나요? 여행을 일상처럼, 일상을 여행으로.

서울엔 남산타워, 베이징엔 만리장성, 뉴욕엔 자유의 여신상이 있듯 보통의 여행객들은 각 여행지의 랜드마크를 돌아다니며 정해진 여행 기간에 더 많은 명소들을 보고자 한다. 또 지역마다 약속처럼 정한 것도 아닌데 동일한 액티비티를 순서까지 정해 즐기곤 한다. 그러나 현필갱어들은 다르다. 그들은 현지에 숨은 그림처럼 스며들기를 원한다. 아침에 일어나 지역 시장에 가보기도 하고, 인적이 드문 숲길 따라 산책하고 근처 바닷가에서 수영을 하고. 꼭 무언가를 하지 않아도 괜찮다. 동네 공원에 가서 가만히 책을 읽고 낮잠도 잔다. 말 그대로 여행을 일상처럼, 일상을 여행으로 만들어

61 JTBC의 종영 TV 프로그램. 출연자들이 모르는 사람의 평범한 가정에 방문하여 저녁 밥상을 함께 나누는 프로그램으로 사람들의 살아가는 모습을 엿볼 수 있음.

나간다.

아래는 이를 잘 반영하는 KBS의 '잠시만 빌리지' 기획의도 내용이다[62].

"실례합니다. 이 동네 잠시만 빌려도 될까요?"
도시에 발을 묶고 동네 골목을 걷고 동네 사람들이 먹는 요리를 하며
'내가 좋아하는 것'들을 발견하고 '나'를 발견하는 **내 속도에 맞춰 살아보는 여행**

현필갱어들의 스트리밍 여행은 새로운 삶의 가능성을 열어주고 있다. 비교적 길고 느린 스트리밍 여행이 '시간부자'가 아니더라도 누구나 가능함을 손수 보여주고 있다. 이는 똑같이 흐르는 시간을 잠시 현지의 라이프로 채우는 것일 뿐이다. 여행지역을 더 가까이 그리고 더 깊게, 그렇게 '새로운 삶'을 스트리밍 하는 것이다. 물론, 모든걸 나의 손 안에 소유할 순 없지만 경험은 소유할 수 있다. 새로운 삶을 가져볼 수 있는 세상은 이미 열렸다.

"내 친구는 미정이"
나의 여행 친구는 아직 정해지지 않았다

인간관계의 피로증으로 인하여 관계의 권태기인 '관태기(關怠期)'를 겪던 이들이 선택한 것은 '혼자 떠나는 여행'과 '자유여행'이었다. 이는 자신의 행복과 삶의 질을 중요시하며, 더 이상 다른 이들을 신

경 쓰지 않는 삶인 자발적 아싸의 삶을 추구하던 이들의 여행법으로 대두되고 있다. 실제로 여행 플랫폼인 트레블메이커의 2019년도 자체조사에서도 혼행족 비율은 지난 5년간 연평균 약 40%씩 늘고 있는 것으로 조사되었다[63]. 2020년 설 연휴기간1월 23~28일의 항공권과 호텔 판매현황을 분석한 트립닷컴의 통계결과에서도 1인 항공권의 예약 비중은 전체 50%를 차지하는 등 매우 높은 수치를 보였다[64]. 하지만 이들의 여행이 통계처럼 완전히 '혼자 떠나는 여행'으로 보기는 힘들다. 자발적 아싸를 넘어서서 여행을 떠나서도 유니버셜 아싸를 자처할 것만 같던 이들이 사실은 새로운 방식으로 여행 친구를 찾고 있었다. 전 세계의 여행 가격을 비교하는 스카이스캐너의 2018년도 조사결과에 따르면, 혼자 여행을 떠나는 혼행족 10명 중 6명이 온라인에서 여행 동행을 찾거나 실제로 온라인을 통해 찾은 동행인과 여행을 함께한 적이 있는 것으로 나타났다[65]. 혼행족으로 떠났으나, 현지에서는 동행족인 것이다. 이들이 동행을 찾아 나서는 가장 큰 이유로는 식비나 교통비 등의 여행비용의 절

62 KBS 공식 홈페이지, '잠시만 빌리지' 프로그램 정보 중 기획의도 내용.
63 이소영(2019.11.21.), '혼행족'을 위한 프리미엄 여행 동행 서비스, 트래블메이커, 중앙일보.
64 서미영(2020.01.16.), 2020년 설 연휴 여행 트렌드...1인 항공권 예약 비중 50%, 혼행족 여행지 1위는 '방콕', 조선일보.
65 스카이스캐너코리아(2018.07.09.), 오늘 에펠탑 앞에서 같이 저녁 드실 분 쪽지 주세요, 스카이스캐너 회사소식.

THAI FOOD
VEGETARIAN

감과 새로운 사람을 만나기 위함이 가장 높게 나타났으나, 이들의 여행법을 통계만으로 해석하기엔 아쉬움이 남는다. 혼자 떠난 여행에서 굳이 새로운 사람을 만나려는 이유는 무엇일까?

여행 중 그리고 계획 단계에서 여행 동행을 구하는 것은 과거 유럽 배낭여행자들 사이에서 두드러지게 나타났다. 하지만 최근의 동행 구하기는 유럽뿐만 아니라 미국, 아시아 국가 등 수많은 여행 목적지에서 다양한 목적으로 이루어지고 있는 추세이다. 또한 과거에는 주요 포털 사이트의 여행 관련 카페에서 동행을 찾곤 하였으나, 현재는 모바일을 이용하여 간편하게 동행을 찾고 있다. 한 예로, '유럽 여행의 든든한 동반자'인 네이버 카페 '유랑'은 2020년도 5월 기준 약 2백만 명의 회원이 가입하고 있다. 유랑은 유럽 전문 여행 카페로 여행 가격 비교, 일정, 숙소 등의 여행정보를 공유하고 있다. 다양한 유럽 여행 관련 탭 중에서 '유랑동행'은 유럽 여행 중의 동행을 찾는 공간으로 많은 여행자들이 짧게는 당일 함께할 동행부터 길게는 약 반 년 뒤 여행의 동행까지 다양하게 찾고 있다. 해당 카페의 동행 찾기 대부분은 경비 절약이 가장 큰 이유로 보이나, 긴 비행대기 시간의 무료함을 달래기 위함 또는 새로운 장소, 사람과의 설레는 경험을 갖고자 하는 경향이 보인다. 관계에 대한 권태를 보이는 현대인들의 모습과는 다소 상반되는 대담한 모습이다.

유랑과 같이 포털 사이트의 여행 카페를 통한 동행 찾기는 앞서 언급한 대로 점차 모바일 서비스를 활용한 방법으로 변화하고 있다. 최근 가장 활발한 동행 찾기 방법은 카카오톡의 '오픈 채팅방'으로, 이는 개인 번호를 가진 지인들끼리만 참여했던 기존 대화방과는 달리 관심주제에 따라 나누어진 오픈 채팅방에 어느 누구나 참여할 수 있는 그야말로 'open'된 시스템이다. 채팅방은 여행 국가 혹은 지역 그리고 나이 대에 따라 다양하게 존재한다. 오픈 채팅방 검색창에 '유럽여행' 혹은 '여행동행'으로만 검색해도 100여명 이상의 사람들이 모인 여행 관련 채팅방을 쉽게 찾을 수 있다. 자발적으로 참여하는 채팅방인 만큼 여행사를 통한 여행 보다는 자유여행객과 20, 30대의 젊은 여행객들의 비중이 높다. 또한 카페에서의 동행 찾기와는 달리 실시간으로 자유롭게 채팅을 하면서 실시간 만남을 추진하기도 한다. '지금 발리 우붓시장인데, 같이 빈땅 맥주 드실 분?' 등과 같이 채팅으로 자신의 위치를 공유하고 목적에 따라 주변의 사람들과 동행하곤 한다.

스마트폰의 발달과 그 누구도 아닌 나의 삶을 중요시하는 삶의 가치 변화는 '혼자'에 대한 거부감을 당연함으로 바꾸어 놓았다. 이제 혼자 여행을 떠나는 이들에게 '왜?'라는 의문은 사라진지 오래다. 이러한 문화는 타인보다는 자신의 만족을 위해 '자발적'으로 '혼자'를 택하는 이들이 늘면서 더욱 확산되고 있다. 혼자 여행 전성시대에 맞춰 관광산업에서는 이들의 여행계획과 여행의 전반적인 행위를 돕는 스카이스캐너, 에어비앤비 등의 OTA가 등장 및 발전하게 되었다. 또한 기존 전통적 여행사에서도 소비 트렌드에 따라 '혼

“

낯선 국가에서 처음 보는 이와의

여행 동행이 그리 어렵지 않은 오늘날이다.

더 이상 혼자 밥을 먹고, 술을 마시고, 여행을 가는 행위가 외롭고 고독해 보이지는 않는다.

”

행' 상품을 내놓았다. 하지만 이에 더 나아가 위와 같이 혼자 떠난 여행에서 다른 이들과 어울리고자 하는 상반된 욕구가 발생하자 관광산업에서는 최근 이들의 욕구를 충족할 수 있는 관광상품을 새롭게 선보이고 있다. 그 예로 여행박사에는 '나 혼자 패키지 터키 일주'라는 여행상품을 내놓았다. 보통 여행사의 1인 패키지 예약에는 모르는 이와 객실을 쓰게 되거나 1인 1객실 사용을 위해선 추가 비용을 내야 한다. 하지만 여행박사의 나 홀로 패키지는 패키지 상품임에도 싱글룸 숙박을 원칙으로 하기에 여럿이 예약을 하더라도 혼자 객실을 쓸 수 있다. 그럼에도 혼행족들이 외로움을 느끼지 않도록 인생샷을 서로 찍어주는 충분한 시간을 갖고, 혼밥임에도 쓸쓸하지 않은 1인 패키지 식사를 제공하고 있다. 말 그대로 '혼자인 듯 혼자 아닌 혼자인 여행'인 것이다. 혼행족의 필수 서비스인 OTA 또한 혼자 여행을 떠난 이들이 다른 이들과 어울릴 수 있는 체험상품을 내놓고 있다. 그 중 에어비앤비에서는 현지 가족과 함께 즐길 수 있는 디너 파티, 또 다른 여행자들과 함께 참여 가능한 현지 쿠킹클래스와 같은 낯선 이들과의 요리 프로그램부터 장단기 트레킹 프로그램 등의 동행 프로그램을 제공하고 있다. 특히, 이는 현지인뿐만 아니라 다양한 국적의 여행자들과 색다른 경험을 할 수 있기에 큰 인기를 끌고 있다.

다 같이 관광버스를 대절하여 나들이를 떠나고, 꼬박꼬박 계를 모아 여행을 떠나던 때는 최근 관광 트렌드에 빗대어 보면 너무나도 먼 과거의 이야기이다. 카톡 지옥에서 벗어나 저녁 있는 삶을 추구하는 현대인들에게 단체여행은 상당한 불편함과 피로감으로 다가온다. 이제는 인간관계에 있어서도 가성비를 따지며, 굳이 필요하지 않은 관계라면 '혼자'를 선택한다. 그럼에도 여행에 있어서 완전한 혼자는 거부한다. 타인에 대한 괴로움이 그들을 홀로 떠나는 여행으로 이끌긴 했으나, 동행 찾기 글에서도 알 수 있듯이 그들이 쓸쓸하고 외로운 여행을 진정으로 원한 것은 아니었을 것이다. 그들은 자신의 목적에 맞게 만나고 헤어질 수 있는 가성비 높은 '티슈인맥[66]'이 가능한 동행을 찾아 여행 관련 사이트와 어플을 전전하고 있다. 앞으로 사회적 시스템이 서구화되고 합리화될수록, 인맥의 중요성은 낮아질 것이다. 지금은 비교적 젊은 세대에서 휘발성 짙은 여행동행 찾기가 퍼져있지만, 청소년층부터 중장년층까지 더 확산될 것으로 판단된다. 그들의 여행 친구는 '미정(未定)'이지만, 관광업계에서는 이에 발맞춘 새로운 마케팅 툴을 정해야 할 때이다.

66 '티슈(tissue)+인맥'의 합성어로 쉽게 쓰고 버리는 티슈처럼 내가 필요할 때만 소통하는 일회성 인간관계를 말하는 신조어(출처 : 네이버 사전)

"쿨.못.미[67]" 쿨하지 못한 이들의 은근하게 여행 티내기

'#여행스타그램'의 시대답게 국내외 유명 여행지를 가면 공통으로 마주하게 되는 풍경이 있다. 여행지에 몰려드는 사람들은 한결같이 스마트폰을 들고 인증 사진을 찍기 바쁘다. 인생 사진을 건지기 위해선 한참 줄을 서서 기다리는 불편함도 개의치 않는다. 여행지에서 공들여 찍은 사진들은 메신저의 새로운 프로필이 되고, 소셜네트워크서비스SNS에 업데이트된다. SNS에 인증하기 위해 여행을 간다고 해도 전혀 이상하지 않을 정도다. SNS가 여행의 풍속을 지배하고 있는 것이다. 데이터 분석기업 오픈서베이가 전국 10대에서 50대 남녀 620명을 대상으로 조사한 소셜미디어와 검색포털에 관한 리포트 2020에 따르면, SNS를 사용하는 가장 큰 이유는 취미와 관심사 공유46.8%였다. 그다음으로 흥미 위주 콘텐츠 획득46.4%, 뉴스 등 유용한 콘텐츠44.4%, 시간을 때우기 위해36.5%가 뒤를 이었다[68].

이렇듯 스마트폰이 대중화되면서 우리는 SNS를 통해 나를 드러내고 원하는 정보를 얻기도 하고 취미와 관심사를 공유하며 소통한

67 '쿨하지 못해 미안해'의 의미 사용.
68 오픈서베이(2020), 소셜미디어 및 검색포털 트렌드 2020.

SNS를 쓰는 이유

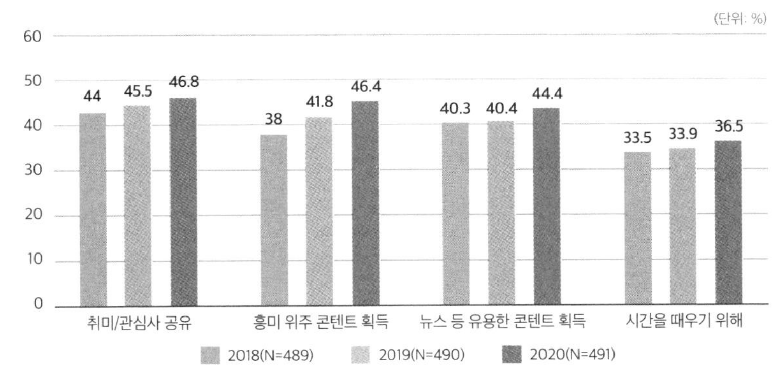

* SNS : 유튜브, 인스타그램, 블로그, 페이스북, 밴드 등
* 최근 1개월 내 SNS이용자, 순위형 응답(1+2+3순위) 기준
응답률에 따라 Top4만 표시

[출처] 오픈서베이(2020), 소셜미디어 및 검색포털 트렌드 2020.

다. SNS는 현대인과 떼려야 뗄 수 없는 존재가 되었다. 그런데, 문제는 자신이 올린 게시물에 '좋아요' 수가 증가할 때마다 묘한 성취감과 기쁨이 느껴져 '좋아요'를 많이 받을 수 있는 '인스타그래머블 인스타에 올릴 만한' 일상이 현실을 규정하고 있다는 것이다.

이러한 현실을 잘 보여주는 한 예가 있다. 넷플릭스의 드라마 「블랙미러 : Nosedive 추락」에서 '좋아요'에 따라 자기 삶의 질이 달라지고 '좋아요'를 받기 위해 투쟁하는 에피소드가 등장한다. 「블랙미러: Nosedive 추락」의 사회에서는 별점이 모든 사람의 판단하는 기준이 되며 눈에 인식된 렌즈를 통해 상대방의 별점과 정보를 바로 확인하고 상대방을 별점으로 평가하는 시대를 그리고 있다. 평점이 높을수록 질 좋은 서비스를 받을 수 있고 평점이 낮을수록 안 좋은 취급을 받기 때문에 사람들은 자신의 진짜 내면의 목소리는 외면한 채 별점을 빨리 높이는 것을 목표로 살아가고 있다. 심지어 별점을 빨리 높이는 방법을 조언해주는 컨설턴트를 찾아가서 상담을 받아보지만, 점수를 얻으려 할수록 모든 일이 힘들어지는 그런 이야기를 보여주고 있다.

과연 우리와는 다른 드라마만의 이야기일까? 오늘날에는 SNS를 통해 타인의 사생활을 들여다보기가 쉬우며 자신이 올린 글과 생각, 사진에 사람들이 어떻게 반응하는지, 얼마나 많은 사람이 '좋아요'를 눌렀는지 쉽게 알 수 있다. 수시로 접속하여 '좋아요'가 얼마나 늘었는지 확인하게 되고 기대만큼 늘지 않았다면 '좋아요'를 안 눌러주는 이유가 궁금해지기도 한다. 여기에서 행복한 모습과 그렇지 못한 현실상에서의 괴리를 느껴 마음의 병을 호소하는 사람들이 늘고 있다. 이는 상대적 박탈감에서 나오는 이른바 '카페인 우울증'이다. 카페인 우울증이란 대표적 소셜미디어인 카카오스토리, 페이스북, 인스타그램의 앞글자를 딴 것으로 습관처럼 타인의 소셜미디어를 보면서 상대적 박탈감과 우울함을 겪는 증상을 말한다[69]. 실제로 우울증은 SNS 이용과 연관성이 있다는 연구결과가 존재한다. 미국 피츠버그 의과대학 연구팀이 실시한 SNS 이용과 우울증 관계에 대한 조사결과에 따르면 SNS 접속 횟수 및 이용시간 기준 상위 25%의 이용자는 그렇지 않은 사람에 비해 우울증 발병 위험이 최소 1.7배~최대 2.7배 높다고 밝혔다[70]. 이러한 조사결과에 대해 SNS 이용자가 타인의 게시물을 보며 상대적 박탈감과 상실감을 느끼기 때문이라고 설명했다. 또한, 2014년 오스트리아 인스브루크 대학교 연구팀이 페이스북을 오래 사용할수록 우울감을 쉽게 느끼고 자존감도 떨어진다는 연구결과를 발표하기도 했다[71].

최근 SNS 이용자들이 타인의 반응에 대한 부담을 덜고 자신을 자유롭게 표현할 수 있는 플랫폼으로 거듭나기 위한 노력으로 SNS의 변화가 시작되고 있다. 인스타그램 게시물에 표시되던 '좋아요 수' 대신 'A님 외 여러명'으로 표시함으로써 게시물이 얼마나 많은 '좋아요'를 받았는지 숨기는 기능을 만든 것이다. 또한, 국내 포털 사이트에서 볼 수 있었던 댓글과 공감을 표현하는 이모티콘도 변했다. 사생활 침해와 인격 모독을 하는 것을 방지하기 위해 연예뉴스에 댓글 기능을 없앴고 최대한 가치 중립적이고 긍정적인 감정 표현에 초점을 맞추어 '화나요', '후속 기사 원해요'라는 이모티콘을 삭제하였다.

69 네이버 지식백과 카페인 우울증(2020.03.01). Retrieved from https://terms.naver.com
70 김윤정((2018.03.28.), SNS 자주 사용하는 사람 '우울증' 걸릴 확률 높아, 이투뉴스.
71 심지우(2017.03.15.), 나도 혹시, '카.페.인' 우울증?, 와이드뉴스.

SNS와 뗄 수 없는 시대를 사는 요즘, 카페인 우울증으로 흔히 '인스타 현타 왔다.'라고 말하며 SNS를 탈퇴하는 사람들, SNS에 글을 올리는 것을 멈춘 사람들 등 여러 현상을 볼 수 있다. 그렇지만 자신에게 새롭고 좋은 소식이 있으면 제일 먼저 SNS를 떠올리게 된다. 이에 다시금 SNS를 찾아 자기 생각과 일상을 공유하고, 여행사진을 업데이트하기도 한다. 이와 같은 현상은 카페인 우울증을 스스로 자처하고 있는 것이라 해도 손색없다. 여행으로 하여금 SNS 속 타인과 행복을 경쟁하고 있는 것이다.

현대인들은 여행이 일상생활처럼 스트리밍 되고 자신이 여행지 속으로 스며들기를 원하지만, 그 속에서 이전에 경험해 보지 못한 새로운 관계 형성을 원하기도 한다. 또한 일상생활의 도피처라는 명목하에 무계획 속 훌쩍 여행을 떠나기도 하지만 자신의 여행을 SNS를 통해 공유하며, 사람들의 호응을 원하기도 한다. 일상의 공유를 위한 매체인 SNS에 자신이 조금 더 잘 먹고, 잘살고 있는 모습을 내비치기 원하는 사람들의 심리가 관광업계에도 반영된 것이다. 아주 조금은 불안한 현대사회의 트렌드가 반영되어진 결과라고도 할 수 있겠다. 타인의 눈을 배제하여 자신이 원하는 대로 여행하며 자신의 일상을 기록하고 자연스레 소통할 수 있는 SNS가 되어지기를 바란다. 이를 위해 관광업계에서도 SNS를 다양한 여행소통의 창구로써 활용하기도 하고, 때로는 이러한 사람들의 심리를 활용하여 마케팅 한다면 행복경쟁이 아닌 행복한 일상여행이 공유되어질 수 있을 것이다. 핫플레이스를 가서 인증사진을 남기는 등 타인의 눈을 의식하는 행위 대신 자신이 원하는 일정대로 여행하고, 일어난 일을 자연스레 공유하는 자신의 삶 속의 진정한 인싸가 되기를 바란다.

Chapter 05

렉티비티,

"레저와 관광활동을 한큐에"

BOARDING PASS

PASSENGER
PLANB

DEP.
1:30 PM
15 FEB 2021

SEAT
20D

렉티비티[72]

"레저와 관광활동을 한큐에"

FLIGHT
KORLINE

PASSENGER
PLANB

GATE
C21

SEAT
20D

DEP.
1:30 PM
15 FEB 2021

최근 액티비티 여행시장이 달라지고 있다.

실제 클룩[73]이 공개한 2018년 조사 결과에 따르면, 여행자 5명 중 3명은 항공과 숙박 예약 전 여행지에서 무엇을 할 것인지에 관한 '액티비티'를 먼저 결정하는 것으로 나타났다. 또한, 조사결과로 보았을 때, '벚꽃여행', '스키체험'과 같은 계절성 액티비티와 콘서트, 전시회와 같은 일회성 액티비티가 여행지 결정에 큰 영향을 미치는 것을 알 수 있었다. 여행 목적지에서의 '할 것'인 '액티비티'는 이제 여행의 최우선 순위 자리에 있다. 항공 및 숙박을 가장 먼저 고려하던 기존의 여행방식은 통하지 않는 여행의 시대가 왔다.

정해진 일정과 코스에 맞춰 여행하는 패키지여행이 아닌 개인의 취향에 따라 일정을 정하고, 다양한 체험을 동반할 수 있는 자유여행 수요가 증가하고 있다. 이는 스마트폰의 발달과도 연관되어 지는데, 스마트폰을 통해 자신이 원하는 일정에 대한 정보를 손쉽게 검색할 수 있고, 예약 진행도 훨씬 수월해졌기 때문이다. 이렇듯 자신의 만족을 위해 자신이 경험하고 원하는 대로 일정을 수립하며 여행하기를 원하는 이른바 'DIY Do it yourself 여행족'은 나날이 증가

72 'Leisure'+'Activity'의 의미 사용.

73 세계적인 여행액티비티 서비스 예약플랫폼. 2019년 전 세계 여행 예약 건수가 6,000만건을 돌파하였으며, 현재 350곳 이상의 여행지에서 현지 사업자와 직접 파트너십을 맺고 10만개 이상의 액티비티와 서비스를 제공하고 있음.

하고 있으며, 이와 같은 여행객이 증가하며 자연스레 개별여행도 늘어나 그들이 여행하며 직접 체험하길 원하는 액티비티 상품의 수요도 증가하고 있는 추세이다. 이러한 변화에는 주 52시간 근무제 시행, 작지만 확실한 행복을 추구하는 소확행, 인생은 한 번 뿐이니 원하는 것을 즐기며 살자는 욜로You Only Live Once 등의 문화 확산 등이 한몫했다.

'여기어때'에서 발표한 '2020 여행 트렌드'에 Love for extreme activities, '익스트림 액티비티로 즐기는 극한의 스릴'이 포함되었다. 익스트림 액티비티란 스피드와 스릴을 즐기는 극한의 모험스포츠로 패러글라이딩, 경비행기, 스카이다이빙, 번지점프 등이 속한다. 이뿐만 아니라 스쿠버다이빙, 플라이보드의 수상 액티비티 등 다양한 종류의 액티비티 스포츠가 존재한다. 2019년 '여기어때'에 등록된 국내 익스트림 액티비티 상품 수는 연 초 대비 50%가 증가하여, 500개를 넘어섰다. 국민소득이 3만달러를 넘어 생활이 윤택해지며 조금 더 생활에 여유가 생기고, 경험을 중시하는 2030 세대가 액티비티 분야로 관심을 확대하며 액티비티 시장이 주목받기 시작한 것이다.

번지점프, 스카이다이빙 등 기존에 큰 결심을 갖고 행하던 액티비티에 대한 인식이 변화의 기로에 맞선 시점이다. 다양한 업계에서 관심을 갖고 있는 액티비티 시장은 굉장한 용기와 도전정신이 있어야 행할 수 있다는 기존의 고정관념에서 벗어나 관광활동을 하는데 하나의 체험적 요소로 자리 잡을 것이며, 이러한 변화의 흐름에 따라 앞으로 액티비티의 시장의 규모는 더욱 커질 것이다.

관광을 하는데 필요한 볼거리 · 즐길거리 · 먹거리 등의 체험형 상품을 통칭하는 '액티비티'와 체험적 성향이 강한 '레저'라는 단어를 결합한 **'렉티비티'**는 관광객에게 조금 더 활동적이며, 체험적인 활동형 관광의 이미지를 형성시킬 수 있는 새로운 조합의 단어로서 앞으로의 실내 · 외 액티비티와 다양한 놀이시설, 그리고 공연과 같은 활동성을 가진 관광활동을 통칭하는 용어로서 새로운 개념의 관광경향성을 지칭하는 신조어가 될 것으로 기대된다.

Part 1

포 미 액티비티 (나를 위한 액티비티)

일상 속 나만의 액티비티,
매일 조금씩, 소소한 My Lei-ctivity

대부분 액티비티를 떠올리면, 여행 목적지에서 즐길 수 있는 수상 스포츠, 트레킹, 워터파크, 테마파크 등을 떠올리지만 최근에는 앞서 언급한 대로 콘서트, 전시회와 같은 일회성 이벤트형 액티비티가 큰 주목을 받고 있다. 대개 교외에서 이루어지던 액티비티를 벗어난 일상에서 즐길 수 있는 생활권 내의 원데이클래스, 각종 취미 강습 등의 여가활동도 여기에 속한다고 할 수 있다. 이로 보았을 때 아직까지는 사실상 레저 상품에 관한 액티비티 수요가 대부분이긴 하나, 퇴근 후에 혹은 짧은 휴일에 일상 속에서 즐길 수 있는 나만의 소소한 여행 등도 떠오르고 이슈가 되었다.

모바일 관련 설문조사를 실시하는 오픈서베이의 2019년 자료에 따르면, 국내의 성인 남녀 중 약 78%가 자신의 자기 계발[74]과 취미를 위해 정기적으로 시간을 보내는 것으로 나타났다[75]. 분야로는 건강을 위한 스포츠 및 피트니스와 같은 운동이 1위를 차지했으며 영어, 중국어, 일본어 등의 다른 언어를 배우는 어학 분야가 2위를 차지했다. 이어서 3위는 금융 관련 재테크 및 투자 분야가 차지했다. 이러한 정기적 자기 개발[76]과 취미생활은 평균적으로 약 1.5주에 1회씩, 2년 9개월 동안 지속되고 있고, 한 달 평균 약 7.7만 원을 소비하는 것으로 나타났다.

일회성의 액티비티를 대표할 수 있는 클래스는 개인의 취미체험 혹은 단기적 배움을 위하여 가장 많이 이용하는 취미생활 플랫폼이다. 아직까지는 대부분의 수업을 스타트업 플랫폼이 제공하고 있다. 또한, 오픈서베이의 동일한 자료를 살펴보자면, 원데이클래스는 2회 이상씩 참여하는 비율이 무려 82.7%로 매우 높게 나타났다. 원데이클래스는 보통 하루 만에 끝낼 수 있는 체험형의 취미수

74 잠재하는 자기의 슬기나 재능, 사상 따위를 일깨워 주는 것을 의미. 네이버 지식 백과 자기 계발(2020.08.19.) Retrieved from https://terms.naver.com

75 오픈서베이(2019), 취미생활·자기계발 트렌드 리포트 2019.

76 본인의 기술이나 능력을 발전 시키는 일을 의미. 네이버 지식 백과 자기 개발(2020.08.19.) Retrieved from https://terms.naver.com, (국립국어원 표준국어대사전에서는 개발과 계발을 비슷한 말로 보고 있음.)

정기적으로 하고 있는 취미생활, 자기계발 분야

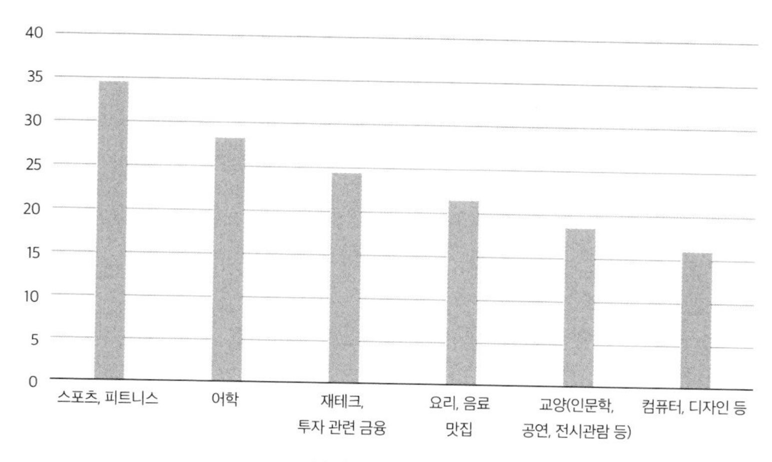

[출처] 오픈서베이(2019), 취미생활·자기계발 트렌드 리포트 2019

업이 많은 편이다. 하지만 많은 이들이 일일 경험으로 끝나는 것이 아니라 경험 후 재경험 즉, 데일리형의 매일매일 소비하는 액티비티로 이를 선택하고 있음을 알 수 있다. 관련하여 업계에서는 재경험 소비자들이 원데이클래스의 이용률을 견인하고 있다고 설명하고 있다.

이와 같은 취미체험 혹은 단기적인 배움을 중개하는 스타트업 플랫폼으로는 대표적으로 프립Frip, 클래스 101, 솜씨당 등이 있다. 이들은 대도서관, 씬님 등의 유명 인플루언서를 통하여 소비자들의 관심을 유도하기도 하였으며, 원활한 프로그램의 진행을 위해 지자체와 협업하는 등의 다양한 운영방식을 꾀하고 있다.

한국관광공사에서 발표한 2020년 국내여행 트렌드, 'R.E.F.O.R.M.'에 따르면 Make trips nearby로 '짧게 자주 떠나는 일상 같은 여행'을 지향하는 트렌드가 더욱 확대되고 있다. 이러한 트렌드에 '일상에서 즐기는 여행'에 대한 인기는 해가 지날수록 증가하고 있는 실정이다. 다시 말해, 여행객들은 일상에서 언제든지 떠날 수 있는 여행을 선호하고 있다. 이와 같은 트렌드에 발맞추어 긴 기간, 일상을 벗어난 액티비티를 즐기기 위해 여행을 떠나는 것이 아닌 나만의 소소한 액티비티를 찾아 일상 속으로 여행을 떠나는 새로운 유형의 여행객들이 렉티비티 시장의 문을 두드리고 있다.

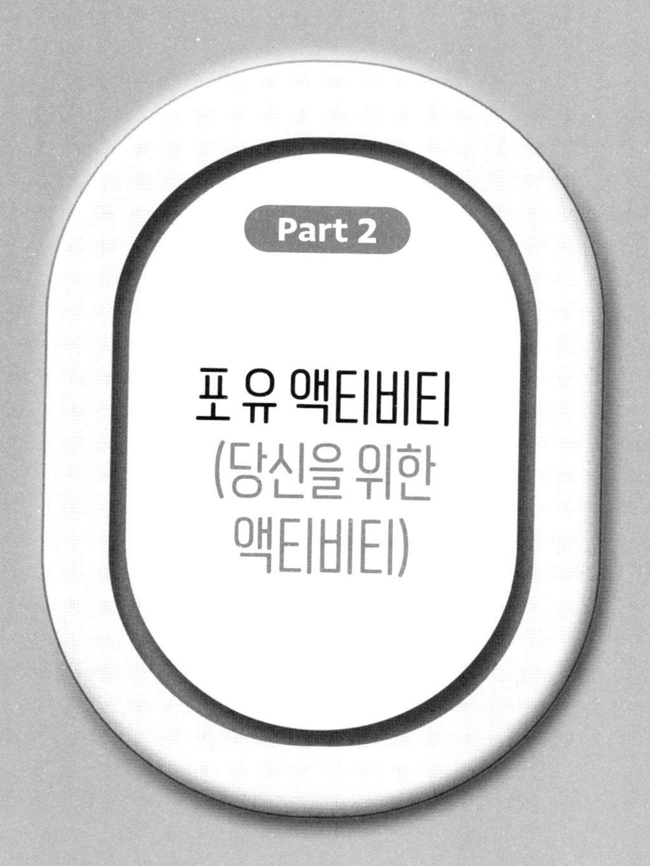

Part 2

포 유 액티비티 (당신을 위한 액티비티)

황금의 땅,
플랫폼 시장의 액티비티 땅따먹기 전쟁

2019년, 통계청이 발표한 '온라인쇼핑 동향'에 따르면 2019년도의 온라인쇼핑 거래액이 전년대비 18.3% 증가했다[77]. 또한, 상품군별 가장 많은 매출을 기록한 것은 '여행 및 교통서비스'로 12.6%를 차지하고 있다. 여행상품의 경우 특히 항공권과 호텔의 가격대가 타 상품들에 비해 높은 편이기 때문이라고도 할 수 있겠지만 앞으로 여행과 관련된 온라인 시장의 상품 판매는 계속해서 증가할 것으로 예상된다. 액티비티 시장의 성장으로 인하여, 액티비티를 즐기는 이들을 위한 여행상품의 수요가 점차 증가하고 있기 때문이다.

이러한 액티비티 수요자들을 위한 온라인 여행시장의 가장 눈에 띄는 변화는 국내 숙박 OTA이다. 숙박 OTA의 양대산맥이라 불리는 '여기어때'와 '야놀자'. 이 중 '여기어때'를 운영하는 심명섭 대표는 지난 2018년 중앙일보와의 인터뷰에서 "여행은 끝났다, 액티비티로 승부하겠다."라고 말한 바 있다. 이는 기존의 여행방식에 따라 항공과 숙박 위주의 여행상품 콘텐츠만을 판매하여서는 현재의 여행 시장에서 살아남을 수 없다는 의미이기도 하다. 이어서 그는 숙박상품을 넘어선 액티비티 여행상품으로 OTA 세계에서 세계 1등이 되겠다고 과감한 포부를 보였다. '야놀자' 또한 다르지 않다. 렌터카 서비스를 새롭게 론칭하는 것은 물론 지난 2020년 1월에는 한국철도공사와 협업하여 KTX연계 숙박·레저 예약서비스를 오픈하였다. 해당 예약서비스를 오픈하면서 신성철 실장야놀자 사업개발실은 "앞으로 야놀자는 숙박, 레저, 교통 등 여행 관련 모든 서비스를 제공하는 '슈퍼앱'의 입지를 강화해 나갈 계획"이라고 밝히기도 하였다.

이에 따라 OTA 외에도 물류 유통에만 전념하던 이커머스 업체들도 여행상품 판매에 힘쓰고 있다. 특히, 단순 패키지 상품을 저렴한 가격 그리고 간편한 결제과정을 장점으로 판매하던 과거와 달리 항공권, 호텔예약은 물론 가격 비교 서비스까지 제공하는 등 여

77 통계청(2019), 온라인쇼핑동향.

행사가 제공하는 대부분의 서비스를 제공하고 있다. 여기에 액티비티 상품까지 제공하면서 여행 카테고리를 전문화하는 동시에 강화해 나가고 있다. OTA와 달리 이커머스는 플랫폼 내에서 여행 이외의 소비재까지 판매하면서 다량의 고객 데이터베이스를 보유하고 있다. 따라서 전문 여행사 못지않은 여행 서비스를 제공하던 이커머스가 액티비티 분야의 돌입으로 펼쳐질 파급력은 매우 클 것으로 예상되고 있다.

액티비티 시장의 급성장으로 이제는 황금의 땅이 되어버린 액티비티 플랫폼을 통해 2번째 도약을 기대하는 관련 기업들이 호시탐탐 기회를 엿보고 있다. 미래의 액티비티 시장을 대표하기 위한 기업들의 전쟁은 이미 시작되었다. 이 전쟁의 우승자가 될 후보들을 차례로 살펴보자.

이커머스 분야

1. 티켓판매의 시초 '티몬'

상품의 티켓을 판매하는 것으로 유명한 티몬은 국내뿐 아니라 해외 액티비티 서비스를 늘려 나가고 있다. 소비자가 티몬을 통해 예약을 진행하면 모바일 e-티켓이 한 시간 안에 소비자의 핸드폰으로 전송되어 소비자는 스마트폰 QR코드 또는 바코드를 활용해 편리하게 티켓을 사용할 수 있다. 2017년, 티몬은 핵심 사업으로 여행을 선택했다. 이후, 언제 어디서나 항공권 예약이 가능한 서비스를 구축·운영하고 있으며, 숙박은 글로벌 숙박 OTA와 협력하여 관련 상품 및 서비스를 제공하고 있다. 일일 현지투어, 공연관람, 골프 등의 여행지 특색에 맞는 액티비티 상품도 주력으로 판매하고 있다.

2. 위메프 원더투어의 새로운 탄생, '위메프투어'

위메프는 항공과 숙박 그리고 패키지 여행상품을 검색 및 예약할 수 있는 '원더투어'를 운영하고 있었으나 2019년, 원더투어와 위메프의 여행·레저 카테고리를 통합한 '위메프투어'를 출시했다. 이로 인해, 최저가의 모든 여행 관련 상품들을 한 곳에서 구매할 수 있게 되었다. 위메프투어는 출시 3개월 만에 일 거래액 33억 원을 달성하였으며[78], 현재에는 항공과 숙박에만 치중하지 않고 관광지 입장권, 스카이다이빙, 스키 시즌권, 시장 투어 등의 액티비티를 제공하여 소비재 판매부터 여행까지 모든 상품판매를 아우르는 플랫폼으로 성장하고 있다.

78 배윤경(2019.09.18.), 위메프투어, 일거래액 33억 돌파...레저·액티비티 성장세, 매일경제.

3. SSG닷컴, 여행시장에 뛰어들다! tr,iip(트립)

2020년 3월, 신세계 계열의 쇼핑몰 SSG닷컴이 국내 최고의 GDS Global Distribution System인 토파스TOPAS와 협업하여 새로운 여행 서비스 'tr.iip 트립'을 출시했다. SSG닷컴은 독립법인으로 출범하면서 카테고리별로 보완이 필요해졌다. 이 과정에서 항공, 호텔, 패키지, 액티비티를 한곳에 모아 소비자들이 여행 관련 상품을 한눈에 간편하게 검색하고 선택할 수 있는 환경 구축이 필요해졌고, 그 결과 탄생한 것이 tr.iip 트립이다. 대기업 기반의 탄탄한 온라인 여행 상품 판매채널의 탄생은 OTA를 충분히 견제할 수 있는 채널로 앞으로의 성장이 기대된다.

[출처] tr,iip 공식 홈페이지.

숙박중개플랫폼 분야

1. 종합여행플랫폼의 유니콘 기업 '야놀자'

야놀자는 글로벌 R.E.S.T.Refresh·재충전, Entertain·오락, Stay·숙박, Travel·여행로서의 도약이라는 목표에 달성하기 위하여 2018년 IT기반의 레저 액티비티 플랫폼인 '레저큐'를 인수하였다. 여가와 레저, 액티비티, 숙박 등을 아우르는 여가시장의 디지털화를 위한 첫걸음이었던 셈이다. 이후 야놀자는 숙박·액티비티 예약플랫폼으로서 야놀자패스 등의 숙박 이외의 다양한 액티비티 상품을 출시하며 액티비티 시장진출에 박차를 가하였다. 또한, 2019년에는 특급호텔 및 레스토랑 예약플랫폼인 데일리호텔을 인수하며, 여가와 여행을 아우르는 프리미엄 스테이케이션 서비스를 강화할 것이라는 계획을 밝혔다. 싱가포르 투자청과 부킹홀딩스로부터 1억 8,000만 달러한화 2,128억 원의 투자 유치를 통해 기업 가치 1조 원 이상을 인정받으며 유니콘 기업[79]에 등극하였다[80]. 이 기세를 몰아 2019년 차량공유플랫폼인 딜카와 렌터카서비스를 시작함으로써 레저와 숙박, 액티비티 전체를 어우르는 종합여행플랫폼으로서의 도약을 꿈꾸고 있다. '야놀자는' 이제 유니콘 기업을 넘어 데카콘 기업[81]을 향해 전진하고 있다.

79 기업가치가 10억 달러(=1조원) 이상인 비상장 스타트업 기업을 의미.
80 김연하(2019.06.11.), 야놀자, GIC·부킹홀딩스로부터 1억 8,000만달러 투자 유치...유니콘 등극, 서울경제.
81 초거대 스타트업을 가리키는 신조어. 기업가치가 100억 달러(=10조원)를 넘어선 스타트업 기업을 의미.

2. 숙박중개플랫폼의 새로운 변신 '여기어때'

'야놀자'와 양대산맥을 이루는 숙박중개플랫폼인 '여기어때'는 '2020 국내여행트렌드'를 발표하였다[82]. '2020 국내여행트렌드'에서 주목하고자 하는 활동을 미세먼지를 피하는 여행을 뜻하는 '미피여행', 극한의 스피드와 스릴을 즐기는 모험스포츠인 '익스트림 액티비티'로 표현하며, 액티비티 시장의 새로운 트렌드와 액티비티 시장의 중요성을 강조하였다. 2018년 액티비티 시장에 뛰어든 '여기어때'는 액티비티 예약반값 이벤트, 다양한 액티비티 서비스 상품 등을 출시하며 경쟁사인 '야놀자'에 대응하는 마케팅 정책을 펼치고 있다. 또한, '여기어때'는 숙박과 액티비티의 '통합검색시스템'을 상용화 하는 등 액티비티 시장의 확대를 위하여 갖은 노력을 기울이고 있다. 테마파크, 스파, VR 등 다양한 액티비티를 분류하여 손쉽게 예약할 수 있도록 편의성을 높였다. 여기어때는 액티비티 예약시스템 도입 이후 월 사용자가 19년 기준 약 280만 명으로 성장하며, 액티비티 서비스로서 성공적 안착을 했다는 호평을 받고 있다[83].

82 김필주(2019.12.16.), 여기어때, 2020 국내여행 트렌드 발표... "여행의 일상화가 시장 키운다", webdaily.
83 한기훈(2019.04.13.), 숙박앱 '여기어때', 2년 동안 3배 성장...2018년 거래액 전년比 42.9%, 매출 32.5% ↑, BIZWORLD.

3. 세계적인 여행 액티비티 서비스 '클룩'

세계적인 여행 액티비티 서비스 예약플랫폼인 클룩은 350곳 이상의 여행지에서 현지 사업자와 직접 파트너십을 맺고 10만개 이상의 액티비티와 서비스를 제공하고 있다2019년 9월 20일 기준. 현지 투어 프로그램과 교통편, 어트렉션 티켓, 식음료 등 여행지에서 할 수 있는 다양한 액티비티들을 손쉽게 예약할 수 있는 서비스를 제공할 수 있다. 최근 제주항공과 손을 잡은 클룩은 제주항공회원을 대상으로 클룩에서 제공하는 다양한 액티비티 상품을 할인받을 수 있도록 하는 등 다양한 액티비티 서비스를 위한 마케팅 정책을 펼쳐 나가고 있다.

스타트업 분야 및 그 외

1. 요트의 새로운 변신 해양관광기업 '요트탈래'

예약 플랫폼을 넘어 렉티비티를 새로운 시각에서 바라보고 창업을 하는 벤처기업들이 늘어나고 있다. 요트와 숙박 그리고 액티비티를 연관시켜 성공스토리를 써나가고 있는 벤처기업인 '요트탈래'는 1년에 26일 정도만 사용하고 대부분 정박해 둔 채 계류비만 내고 있는 요트를 빌려 젊은 세대들이 좋아할 만한 공간으로 개조한 뒤, 캠핑 · 글램핑이 가능한 요트핑을 할 수 있도록 하는 '요트스테이' 사업을 시작하였다. 사치스러운 레저라고 인식되고 있던 요트

[출처] 요트탈래 공식 홈페이지.

를 대중화하여 젊은 층의 관심을 사로잡은 요트탈래는 렉티비티의 새로운 역사를 쓰고 있다. 요트에서의 숙박이라는 새로운 서비스와 요트투어라는 새로운 공유경제형 비즈니스 모델을 만들고, 신세대와 소통이 가능한 소셜네트워크서비스SNS에 주력적으로 홍보한 것도 하나의 트렌드를 반영한 비즈니스 모델이라 할 수 있다.

2. 배낚시의 진화 해양관광 스타트업 '마도로스'

TV프로그램 '도시어부'의 방영으로 평소 거리가 멀었던 배낚시에 대한 관심이 증대되고 있다. 해양수산부에 발표한 자료에 따르면 2014년 약 206만 정도를 웃돌았던 배낚시족이 2017년 415만 명으로 늘어났다[84]. 민물낚시 인구 등 집계가 어려운 낚시족들을 합한다면 약 700만 명 이상의 낚시족이 있을 것이라 추정된다. 이렇듯 주목을 받고 있는 배낚시 시장에 뛰어든 스타트업이 있다. 바로 '마도로스'라는 해양관광기업이다. '마도로스'는 배낚시 소비자와 전국의 낚시배를 연결하며 온라인 예약, 손쉬운 결제 서비스 등으로 예약이 가능하도록 하는 예약 플랫폼이다. 소비자가 원하는 어종, 낚시터, 배 등을 선택하면 '마도로스'가 해당 시장과 연결시켜주는 형태이다. '마도로스'는 기존 현금으로만 이루어졌던 배낚시 비용을 카드결제까지 가능하게 하였으며, 이에 대한 연결 수수료는 결제액의 10~15%의 수준으로 이루어지게 하였다. 최근 사회관계망서비스SNS 내 배낚시와 관련된 피드를 들여다보면, 중년 중심이었던 배낚시 족이 20~30대의 연령층으로 변화된 것을 볼 수 있다. 배낚시가 젊은이의 렉티비티의 한 종목이 되고 있는 추세인 것이다.

3. 퇴근 후 같이 재미있는 거 할래요? '프립(Frip)'

프리다이빙, 주말 관악산 야간 등반, 퇴근 후 어린이 대공원 달리기 등의 아웃도어 활동부터 나만의 네온사인 만들기, 수제맥주 만들기, 티 블렌딩, 책 읽는 법 등의 문화와 취미활동까지 제공하는 '프립'은 소비자들의 삶과 여가를 건강하고 풍부하게 만드는 소셜 액티비티 플랫폼이다. 특히, 최근에는 소수 카테고리에 국한되지 않고 여행과 아웃도어 액티비티에 주력하고 있다. '프립'이 제공하는 강원도 양양의 서핑과 한강 노을 카약 등의 액티비티는 국내 소

84 나건웅(2019.03.18.), 국대급 취미로 등극한 '낚시 레저' - 강·바다·스크린…온 가족 즐기는 레저로 '딱', 매일경제.

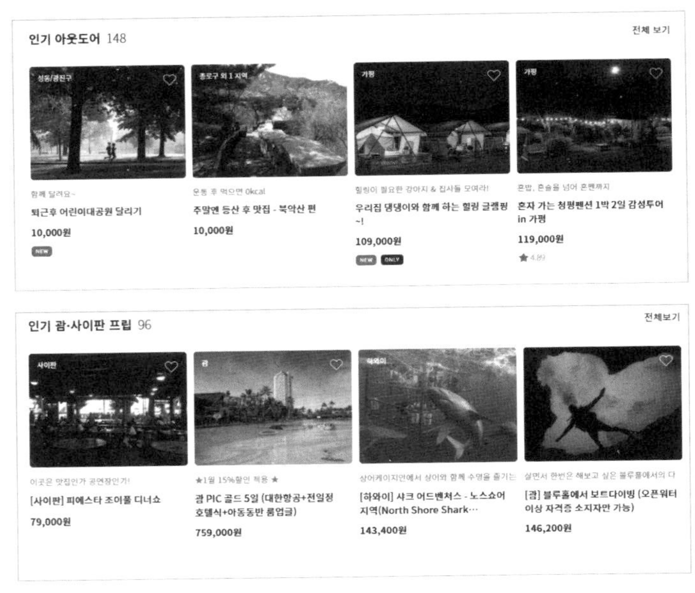

[출처] 프립 공식 홈페이지

비자들의 꾸준한 관심과 참여를 불러왔으며, 최근에는 국내에서만 이뤄지는 액티비티를 벗어나 국외 여행지에서 즐길 수 있는 액티비티 프로그램까지 확대 제공하고 있다.

4. 카드 한 장으로 떠나는 서울 관광, '서울관광패스'

국내 렉티비티 예약시장의 발달로 인해 한국에 대해 흥미를 갖고 관광목적지로서 찾게 될 관광객들이 많아질 전망이다. 이러한 흐름에 힘입어 한국을 홍보하기 위한 다양한 정책들이 나오고 있다. 2019년 서울시와 서울관광재단이 출시한 '서울관광패스'는 카드 한 장으로 서울 시내의 주요관광지를 이용할 수 있는 관광패스로 서울 4대 고궁과 종묘 중 1개소와 32개소의 무료입장 관광지 중 권종 별로 3~5개소를 선택하여 이용할 수 있는 '서울 자유이용권'이다. '서울 관광패스'는 구매 용이성을 높이기 위해 야놀자, 티몬, 쿠팡 등의 다양한 플랫폼을 통해 동시 판매를 진행하였으며, 출시 직후 폭발적 인기를 끌며 이례적 판매량을 기록하였다. 또한 수취의 편의를 위해서도 티켓이 따로 배송 될 필요 없이, 수취처에서 스마트폰 상의 바코드를 제시하면 카드를 배부하는 형태의 서비스를 갖춤으로 한국을 찾는 관광객들의 호평을 받았다고 한다.

국내외 관광객을 사로잡기 위한 액티비티의 전략

액티비티를 더욱 활성화하기 위해서는 국내 관광객뿐 아니라 외국인관광객의 관심을 사로잡아야 한다. 최근 방영 중인 MBC every1의 '어서와 한국은 처음이지?' 의 방송을 보면 외국인들이 한국 관광지의 액티비티를 체험하며 즐거워하고, 한국의 액티비티에 대한 임팩트를 느끼는 장면을 볼 수 있다. 하지만 우리나라의 관광지임에도 불구하고, 방송을 통해 처음 접하는 액티비티 시설이나 활동들이 생각보다 많게 느껴진다. 관광지 곳곳에 다양한 액티비티 시설이 존재하고 있음에도 불구하고 관광지로서 인기가 없는 곳은 관광객의 관심이 적은 것이 현실이다.

트립닷컴에서 2019년 1월부터 8월까지 외국인들의 국내 액티비티 구매량을 분석한 결과, 판매량 기준으로는 서울·경기 지역의 액티비티가 가장 많은 비중을 차지하였으며, 상품의 수로는 제주도와 서울의 비중이 높았다[85]. 대부분 인기 관광지가 밀집되어 있는 서울·경기·제주지역에 집중 포화된 것이다. 외국인이 좋아하는 한국의 액티비티2019년 1월~8월 기준 순위는 다음과 같다.

외국인이 좋아하는 한국의 액티비티

순위	액티비티 명
1위	N서울타워 전망대 입장권
2위	에버랜드 자유이용권
3위	뮤지컬 난타 입장권(명동극장)
4위	제주 에코랜드 입장권
5위	제주 테디베어 뮤지엄 입장권
6위	뮤지컬 난타 입장권(제주)
7위	뮤지컬 페인터즈 히어로 입장권(서울)
8위	부산 아쿠아리움 입장권
9위	코엑스 아쿠아리움 입장권
10위	제주 아쿠아플라넷

[출처] 엄금희(2019.10.06.), 한국 찾은 외국인 액티비티 현황 분석, 트래블데일리.

트립닷컴은 액티비티가 여행장소를 결정하는 주요 요인으로 발전할 만큼 인기가 높다고 하였다. 주요 관광지역이기 때문에 그 지역에 있는 액티비티가 활성화될 수도 있지만, 액티비티로 하여금 그 지역이 관광객에게 선택받는 여행 장소가 될 수 있다는 것이다. 지역의 분위기, 시설 등에 적합한 액티비티가 지속적으로 발굴되고 홍보된다면 새로운 관광지가 탄생할 가능성이 농후하다.

렉티비티 시장은 이커머스, 플랫폼과 더불어 많은 성장을 하였으며, 앞으로 더욱더 성장 할 가능성이 있음을 앞선 사례를 통해 확인할 수 있다. 급변하는 렉티비티 시장을 선점하기 위해서는 다양한 방면에서 바라보는 시각이 중요하다고 할 수 있다. 이러한 시장 변화의 흐름에 적합한 소재 선정과 혁신적인 마케팅을 통해 렉티비티 시장을 공략하여야 하는 시점이다.

85 엄금희(2019.10.06.), 한국 찾은 외국인 액티비티 현황 분석, 트래블데일리.

Chapter 06

플렉스 시니어,

"시니어, Flex 해버렸지 뭐야"

" 소중한 순간이 오면 따지지 말고 누릴 것! "
우리에게 내일이 있으리란 보장은 없으니까.

- 책, 창문을 넘어 도망친 100세 노인 中 -

유명한 대사만큼이나 국내에서도 인기를 누렸던 베스트셀러인 요나스 요나손의 소설 '창문 넘어 도망친 100세 노인'은 양로원 창문을 넘어 도망친 노인의 유쾌하고 파란만장한 이야기를 들려준다. 이 책에서는 소중한 지금의 순간, 오늘을 누리고자 하는 한 노인의 인생철학 이야기를 만날 수 있다.

시니어 세대가 변하고 있다. 마치 위 책에서처럼 정적인 여가활동에서 벗어나 나이를 잊고 활기찬 삶을 살아가는 멋지고 건강한 노인들, 액티브 시니어Active Senior가 증가하고 있다. 액티브 시니어는 구분 방법에 따라 다양하게 정의되고 있지만, 보통은 건강하고 적극적으로 은퇴 생활을 즐기는 사람들로 자신에게 투자를 아끼지 않으며 새로운 문화와 다양한 SNS 콘텐츠를 적극적으로 소비하는 세대를 말한다[86]. 이 책에서는 액티브 시니어를 넘어 자신을 위한 투자는 물론 해보고 싶은 일에 과감히 도전하고 이를 자랑스럽게 여기는, 즉 자신의 노후에 'Flex[87]' 해버리는 시니어를 '플렉스 시니어'라 명칭하였다. 최근의 시니어는 플렉스 시니어라는 명칭답게 여느 세대 못지않은 큰 영향력을 뻗치며 종횡무진 활약하고 있다.

86 네이버 지식백과 액티브시니어(2020.08.29) Retrieved from https://terms.naver.com
87 flex는 본래 '관절을 굽히다', '구부리다'의 의미를 갖고 있으나, 최근 힙합 음악에서 '내가 가진 것을 자랑하는 것', '내가 최고임을 과시하는 것'의 의미로 쓰이고 있음.

Flex Senior
플렉스 시니어란?

정적인 여가활동에서 벗어나 활기찬 삶을 살아가는
엑티브 시니어(Active Senior)를 넘어서 자신을 위한 아낌 없는 투자와
해보고 싶은 일에 과감하게 도전하고 이를 자랑스럽게 여기는 시니어를 뜻함.

그리고 이러한 자신의 라이프 스타일을 아낌없이 즐기며,
다른이에게 자랑에 가까운 티를 내기도 함.

참고_ 플렉스(Flex)의 사전적 의미는 '몸을 풀다', '힘을 주다'의 의미이나,
최근 플렉스 뜻은 '뽐내고 자랑질하다'라는 뜻을 가짐.

그렇다면 플렉스 시니어의 어떠한 모습이 요즘 세대들이 흔히 이야기 하는 'Flex'와 적절하게 맞아 떨어지는 것일까?

tvN 예능방송 「윤식당」에서 70대 배우 윤여정이 한식당을 운영하며 불고기 덮밥을 만들고 80대 배우 신구가 유창한 영어 실력으로 외국인 손님들에게 다가가 주문을 받는 모습이 그려진다. SNS에서도 플렉스 시니어는 적극적인 소통과 매력적인 활동으로 많은 이들의 사랑을 받고 있다. 2019년 KBS 1TV 전국노래자랑에 출현해 가수 손담비의 '미쳤어' 무대를 선보인 70대 지병수씨 영상은 온라인을 뜨겁게 달구었고 '할담비[88]'라는 별명으로 인기스타가 되었다. 또한, 70대 유튜브 크리에이터 박막례씨는 130만 명이 넘는 구독자를 보유하며 직설적인 화법, 색다른 콘텐츠, 우리 할머니 같은 친근한 이미지로 높은 인기를 얻고 있다.

이전에 미디어 속 시니어의 모습은 자식에게 희생적이고 헌신적인 사랑을 베푸는 부모님, 신체적 · 경제적으로 돌봄이 필요한 사람들의 이야기가 많았다. 그러나 지금은 오히려 나이에 구애받지 않고, 자신만의 삶을 구축하는 플렉스 시니어들의 모습은 많은 이들에게 귀감이 되고 전 세대에 걸친 응원과 지지를 받고 있다. '나이는 숫자에 불과하다.'라는 말처럼, 여느 세대보다 높은 활동력과 경제력을 기반으로 젊은 시절 하지 못했던, 혹은 꼭 해보고 싶은 일에 Flex! 해버리는 그들, 플렉스 시니어의 소비트렌드와 그 사례를 살펴보자.

88 '할아버지'+'손담비'의 의미를 가진 줄임말.

Part 1

플렉스 시니어를 위한 소비트렌드

시니어의 새로운 등장

"오늘의 노인은 어제의 노인과 다르다"

미국 시카고 대학교 심리학과 교수인 버니스 뉴가튼Bernice Neugarten은 55세의 정년을 기점으로 하여 75세의 노인을 젊은 노인 즉, Young Old 라 칭하며 시니어에 대한 정의를 새롭게 구분하였다[89]. 과거의 같은 세대 보다 활동적이고, 적극적이며 젊고 건강한 모습과 성향을 가지길 원하는 현재의 플렉스 시니어들은 정년이나 퇴직을 한 후에도 여전히 자신의 일을 원한다. 자신이 소비의 주체로

89 박진채(2013.08.29.), 액티브 시니어(click 경제교육), KDI 경제정보센터.

서 능동적인 삶을 살아가기를 갈망하고 있다.

또한 플렉스 시니어는 베이비붐 세대1955~63년생로 구성되어 인구의 가장 큰 축을 형성하고 있으며 경제적, 시간적으로 모두 여유를 가지고 있다. 이 때문에 다양한 분야에서 플렉스 시니어 시장을 차지하기 위해 갖은 노력을 기울이고 있는 추세이다.

디지털 기기를 능숙하게 다루는 고령층을 뜻하는 실버서퍼, 인터넷의 웹web과 노인을 지칭하는 실버silver의 합성어인 웹버족Webver은 온라인과 친숙한 시니어를 뜻하는 신조어 또한 등장했다. 지금까지의 시니어를 떠올리게 되면 IT와는 거리가 있고 기계조작에 미숙한 모습들이 떠오르겠지만, 화려한 중장년층의 삶을 보내고 있는 플렉스 시니어는 이와 대조적인 모습을 보인다. 빅데이터 컨설팅 회사인 롯데 멤버스가 리서치 플랫폼 라인과 발간한 '2020 트렌드 픽Trend Pick'에 따르면 베이비붐 세대1955~63년생의 30.6%가 온라인 쇼핑을 이용하고 있는 것으로 나타났다[90]. 이는 밀레니얼 세대의 온라인쇼핑 비중35.0%과 비교해도 격차가 그리 크지 않다.

시니어 중 오팔OPAL: Old People with Active Lives세대라 칭하는 베이비붐 세대의 대부분93.7%이 유튜브를 이용하고 있으며, 이들의 주중 하루 평균 스마트폰 영상 시청 시간은 2.9시간으로 TV 시청 시간인 2.8시간보다 길다[91]. TV 시청보다 스마트폰으로 자신이 원하는 콘텐츠를 찾아 시청하는 비중이 큰 최근의 플렉스 시니어들은 '테크노부머'라고 불릴 만큼 디지털 서비스를 이용하는 것에 익숙하며, 일상에서 디지털을 활용하는 비중이 점점 더 증대되고 있다. 이들이 주로 이용하는 채널로는 모바일뱅킹, 삼성페이, 마켓컬리, 뉴스, 유튜브 시청 등으로 모바일을 통해 결제를 하고, 모바일뱅킹으로 은행업무를 보는 등 밀레니얼 세대 못지않은 편리한 서비스를 중점적으로 이용하는 것으로 나타났다. 또한, 경제력과 여유를 동시에 가지고 있어 온라인 쇼핑을 통한 구매액이 젊은 소비층보다 한층 높다는 점을 보아 플렉스 시니어를 타겟으로 한 관련 서비스가 앞으로 더욱 늘어날 전망이다.

시니어가 주체가 된 소비 트렌드

대부분 사람들은 조금 더 나은 노년을 위해 돈을 쪼개가며 적금을 들고, 저축하며 미래의 나를 위해 투자한다. 더 나은 노년생활을 위한 투자 덕분인지 2012년 27조 원이었던 실버산업의 시장규모는 2015년 39조 원에 이르렀다[92]. 삼성경제연구소에 따르면 액티브 시니어가 노년층이 되는 2020년에는 약 125조 원에 이를 것

90 김기정(2020.03.12.), 5060세대 30%가 온라인 쇼핑 이용, 매일경제.
91 이광재(2020.03.12.), 베이비붐 세대(55~63년생)도 '스마트 컨슈머' 되다, 파이낸셜신문.
92 한국보건산업진흥원(2015), 고령친화산업 시장 동향, SFI R: 2015 제 1호, 1-19.

이라 전망하기도 하였다[93]. 노년의 편안한 생활에 대한 의지가 커질수록 실버산업 규모도 방대해지는 것이다. 그렇다면, 시니어들이 주체가 된 분야는 어떠한 것이 있는지 살펴보자.

새롭게 떠오른 소비트렌드는 연령에 맞는 제품을 선택하여야 한다는 고정관념을 탈피한 '에이지리스Ageless'이다. 이를 주도하는 것도 플렉스 시니어라 할 수 있는데 젊은 층이 좋아하는 IT나 디지털 기기에 관심을 보이기도 하고, 패션이나 유행도 영캐주얼에 집중하고 있기 때문이다. '뉴발란스'는 2019년 8월 아빠의 그레이 캠페인을 선보였다. 아빠의 프로필 사진은 왜 한결같을까? 라는 생각에서 시작된 이 마케팅은 브랜드와 중장년층을 자연스럽게 매치하여 중장년층뿐만 아니라 그 자녀들에게도 큰 호응을 얻은 마케팅으로 손꼽히고 있다.

친구들과 문화생활 하기 위해 티켓팅을 하고, 직접 차를 운전하여 떠나는 모습을 표현한 '아반떼'의 새로운 광고도 세단의 고급차보다 실용적이고, 이곳저곳 다니기 좋은 소형차라는 특수성을 강조하며 현실을 잘 반영한 광고로 호평을 받고 있다. 시니어의 최근 라이프스타일이 그대로 드러난 광고를 통해, 모든 세대의 공감을 불러일으켰다는 평이 다수이다.

플렉스 시니어의 또 다른 관심분야는 바로 여행이다. 젊은 시절에는 일 때문에 여행을 떠나지 못했었다면, 이제 이들은 그동안 누리지 못했던 여행을 보다 적극적으로 즐기려 한다. 기존 중장년층은 여행을 가기 위해 대부분 여행사의 패키지 여행상품을 이용했었다면, 최근의 실버서퍼, 웹버족 등은 IT 기술에 보다 익숙해지며 온라인을 통해 항공권, 호텔 등을 직접 구매할 수 있게 되었다. 이러한 변화는 2013년 방영을 시작한 '꽃보다 할배'가 촉매제가 되었다고 할 수 있다. '꽃보다 할배'에 출연한 80대의 이순재는 외국인과 직접 대화를 하여 문제를 해결하고, 정보를 획득하기도 한다. 직접 호텔을 예약하기도 하며, 자신의 생각대로 여행을 주도하는 적극적 모습을 보여준다. 시니어의 여행기를 고스란히 담아낸 '꽃보다 할배'는 전세대를 아우르는 글로벌 예능으로 도약하며 국내를 넘어 해외 10여 개국에서 방영되는 등 시청자들의 많은 관심과 사랑을 받았다. 이후 이 방송으로 인한 파급력도 적지 않았다. '꽃보다 할배'를 통해 소개된 여행지의 검색량이 큰 상승폭을 보이며 성장한 것이다. 아웃바운드 해외여행 시장의 트렌드를 좌우할 정도로 영향을 끼쳤다는 평을 받기도 하였다. '꽃보다 할배'의 시니어들이 국내외 여행시장의 트렌드를 주도한 것이다. 이들의 여행 이야기는 〈Part 2. 플렉스 시니어를 위한 여행〉에서 이어서 다뤄보겠다.

내 · 외적으로 멋지게 나이 들기를 원하는 플렉스 시니어는 자신에게 투자하는 가격 대비 가치를 중시하며, 자신의 경제력을 기반

93 삼성경제연구소(2012), 실버세대를 위한 젊은 비즈니스가 뜬다, CEO Information: 2012 제 869호.

으로 자신을 위해 보다 적극적으로 투자하는 주체적인 소비자이다. 자신의 나이를 받아들이는 것을 거부하기보다는 조금 더 젊고 유쾌하게 인생을 살아가고 있는 플렉스 시니어는 다양한 연령층에 긍정적 영향을 주고 있음이 틀림 없다. 앞으로 더욱 당당하게 자신의 인생 이야기를 써내려갈 플렉스 시니어가 기대된다.

Part 2

플렉스 시니어를 위한 여행

반짝 반짝 빛나는 은빛 여행가

초등학생들의 대통령이 뽀로로라면 최근 노인들의 대통령은 송가인, 임영웅, 이찬원이다. 시청률 35.7%, TV조선 오디션 프로그램인 '미스터 트롯'이 사랑을 받으면서 덩달아 '트로트'라는 다소 비주류의 음악이 주류로 변화했다. 위의 세 명은 재조명된 트로트 붐으로 탄생한 트로트계의 아이돌이다. 사실상 어르신들의 취향으로 치부되던 트로트가 젊은 세대의 마음을 사로잡자, 장노년층의 움직임이 심상치 않다. 트로트가 다세대의 트렌드가 되면서 단순히 집 혹은 효도 콘서트와 문화센터에서 음악을 즐기던 이들이 이제는 젊은이들과 함께 팬 카페에 가입하고 자신의 최애[94] 음원 차트의 상승을 위해 스트리밍 서비스 교육을 받기도 한다. 또한, 플렉스 시니어답게 자신의 팬심을 마음껏 티 내고 뽐낸다.

이뿐만이 아니다. 걸그룹, 보이그룹의 전유물과 같던 조공[95]까지 참여한다. 심지어 연예인 사진을 전문적으로 찍는 70대 홈마[96]도 등장했다. 실버세대들의 문화 활동이 젊은 세대 못지않게 변화하면서, 음원 산업뿐만 아니라 타산업에서도 플렉스 시니어의 영향력에 주목하고 있다. 특히 송가인의 인기로 주말이면 약 1,000여 명의 사람들이 송가인의 고향인 진도를 찾는 덕에 진도군청 관광과에서는 진도시티투어 버스 노선에 송가인 고향 집을 추가하기도 하였다. 코로나19로 인해 잠잠하던 관광산업이 마치 트로트 박자에 맞춰 조금씩 살아나는 듯 보인다. 최근 진도군청이 발 빠르게 트렌드를 반영한 상품을 내놓았지만, 사실상 우리나라보다 고령화를 먼저 겪은 몇몇 해외국가들은 액티브 시니어와 플렉스 시니어를 전문으로 하는 관광 비즈니스가 이미 활성화되어있다. 계속해서 은빛 머리카락 휘날리도록, 좀 놀 줄 아는 시니어들을 위한 여행 비즈니스의 대표적인 사례를 살펴보자.

94 가장 좋아하는 연예인을 일컫는 말. 비슷한 말로는 원픽(One Pick)이 있음
95 도시락, 옷, 가방 등 연예인이 필요한 물품을 지원하는 일
96 홈마(homepage master), 연예인이나 운동선수 등을 위해 만든 홈페이지의 운영자를 이르는 말

1. 일본 : 직접 여행사 직원이 되어볼 수 있는 '클럽 투어리즘' 여행사

시니어들에게 '여행 친구'를 만들어주기 위해 탄생한 '클럽 투어리즘'은 일본의 킨키 니혼 투어리스트(近畿日本ツーリスト)라는 여행사에서 분리된 일본 대표 시니어 여행사이다. 클럽 투어리즘은 단순히 노인들을 위한 여행상품을 판매하는 것을 넘어서 여행을 통한 타인과의 만남, 여행에서의 배움 그리고 건강 등을 고려한 세심한 여행 콘텐츠를 제공하고 있다.

특히, 이 여행사를 통하면 여행의 도움을 받는 입장만이 아닌 여행을 제공하는 입장이 되어볼 수도 있다. 클럽 투어리즘의 'FFS Fellow Friendly Staff'시스템은 자신이 원하는 대로 한 테마를 기획하며 여행을 이끌 수 있게 돕는 시스템으로, 과거 클럽 투어리즘 이용 경험이 있거나 자사 잡지 정기 구독자면 누구나 참여가 가능하다. 예를 들어, FFS시스템 고객 중 한 명이 여행사 직원이 되어 자신이 평소에 관심 있던 '반려동물과 함께하는 여행'이라는 테마를 설정하고 이 테마에 맞는 여행코스를 직접 계획 할 수도 있다. 쉽게 말해, 직접 여행을 기획하고 이끄는 투어 디렉터Tour Director, 여행사 직원이 되어보는 것이다. 이를 통해 여행을 이끄는 이들은 설레임과 성취감 등을 얻을 수 있으며, 여행에 참여하는 이들은 같은 세대가 이끄는 여행에서 친근감과 동지애 등을 느낄 수 있다는 큰 장점이 있다.

나이가 들었다고 꼭 누군가와 함께 여행해야 하는 것은 아니다.

클럽 투어리즘에서는 혼자 여행하고 싶지만, 그 시작이 어려운 시니어 혼행 상품도 제공한다. 반대로 노년층이 아닌 다양한 연령층과 함께 여행을 즐기고 싶은 이들을 위한 상품도 있다. 이를 위해 전 연령층이 참여할 수 있도록 상품을 구성하여, 여행 기간동안 서로 다른 세대를 이해하고 공감할 수 있도록 하였다.

2. 미국 : 커피 한 잔 그리고 여행, '모어댄어카페'

시니어들의 아지트라고 불리고 있는 모어댄어카페More Than a Cafe는 카페Cafe, 캠퍼스Campus, 공동체Community의 기능이 합쳐진 복합공간이다. 'A neighborhood place to eat well, learn well, play well, age well', 말 그대로 잘 먹고, 잘 배우고, 잘 놀고, 잘 나이들 수 있는 동네의 공간이라는 슬로건 아래 커피만 마시는 공간이 아닌 동네 이웃들과 어울리고 교육을 받고 식사도 할 수 있는 공간인 것이다.

1달러가 채 되지 않는 커피, 5~8달러의 저렴한 식사를 제공하는 모어댄어카페는 '먹는 것'을 중심으로 피트니스 수업부터 당일치기 여행까지 할 수 있는 다양한 기회를 제공하고 있다. 무한리필 커피 한 잔으로 마음에 맞는 이웃 혹은 가족들과 여행까지 즐길 수 있는 것이다. 모어댄어카페를 운영하는 매더라이프 웨이즈Matherlife Ways는 카페뿐만 아니라 실버세대를 위한 실버타운과 고령화 연구소를 동시에 운영하고 있다. 카페와 실버타운 이용객들을 대상으로

[출처] 모어댄어카페 공식 홈페이지.

[출처] 로드스칼라 공식 홈페이지.

한 연구 결과는 다른 시니어들을 위한 프로그램에 적용된다.

왼쪽은 실제 모어댄어카페가 제공하고 있는 프로그램 홍보 사진과 시간표이다.

3. 미국 : 여행으로 배우다, '로드 스칼라'

뉴햄스셔 전문대학 캠퍼스의 평생 교육원에서 시작된 로드 스칼라Road Scholar는 초기에는 유럽 유스호스텔을 벤치마킹하여 '엘더 호스텔Elder hostel'이란 이름을 사용했었다. 초기에는 해당 대학에서 관광 관련 프로그램보다는 시니어들을 위한 저렴한 평생교육 사업을 제공했었다.

이후, 1980년대 들어서 미국 내의 평생교육 운동이 확산되었고, 날이 갈수록 '액티브' 해지는 시니어들 덕분에 그들의 욕구를 충족시켜줄 수 있는 새로운 프로그램이 필요해졌다. '활동적'이면서도 '교육적'인 프로그램 개발의 필요성이 제기된 것이다. 그렇게 2010년, 엘더 호스텔은 현재의 로드 스칼라로 이름을 바꾸고 여행과 교육이 적절히 연계된 프로그램으로 큰 인기를 얻었다. 3주일간 진행되는 열대우림, 섬 여행 등의 탐험프로그램이라든지 20대 손자, 손녀들과 함께 여행하며 그 국가 및 지역에 관해 배우는 프로그램이 이의 대표적인 예이다. 모험과 도전을 추구하면서도 다른 세대와 소통하고자 하는 플렉스 시니어의 욕구를 충분히 고려했기 때문일까, 현재에는 10만여 명의 시니어들이 로드 스칼라가 제공하는 프로그램에 참여하고 있다[97].

로드 스칼라의 가장 큰 특징은 '배움'을 '여행'을 통해 완성한다는 것이다. 끊임없이 배우고 싶어 하는 시니어들이 활동적인 프로그램을 선호하게 되면서, 초기에 교실에서 행해지던 교육 프로그램들을 여행지에서 구현하게 된 것이다. 또한 활동성의 단계를 나누어 프로그램을 제공하고 있다. 예를 들어, 'Easy Going'단계는 계단을 최대한 피하고 최소한으로 걷는 프로그램으로 펜실베니아에서 과학 전문가들과 블랙홀을 찾아보거나 바람 부는 드넓은 공원을 천천히 걷는 프로그램 등이 있다. 반대로 'Outdoor : Challenging'단계는 모험과 도전을 주제로 사막을 하이킹하거나 카누를 타고 과거 원주민이 살던 곳을 탐험하는 등의 신체적으로 활동적인 프로그램이 준비되어져 있다. 아래는 로드 스칼라 홈페이지의 단계별 프로그램 분류 중 한 부분이다.

4. 캐나다 : 전기 자전거로 떠나는 여행, 버터필드&로빈슨

차로 이동할 때는 발견하지 못했던 여행지 풍경을 구석구석 살펴보고, 선선한 바람마저 느낄 수 있는 자전거 여행은 건강을 위한 운동과 여행을 모두 경험하고 싶어 하는 이들에게 주목을 받고 있

97 김정근(2019.06.15.), 배우고, 걷고, 쉬고...새로운 시니어 여행 비즈니스, 중앙일보.

Level 5: Expert

Walking

11-15 km (7-10 mi.) per day over fairly hilly terrain offering lots of challenges. Routes are along high meadow paths and/or well-maintained cliffside or alpine trails, with a few steep ascents to make you feel invigorated.

Biking

50-60 km (30-45 mi.) per day over both level and tougher, hillier terrain with multiple 100 km (62 mi.) options. The routes are designed for avid cyclists and include plenty of chances to push yourself.

Travelling with an Expert? Selecting an e-bike for your trip will help you keep up with the group and give some electric assistance when powering up hills.

[출처] 버터필드&로빈슨 공식 홈페이지.

다. 또한, 걸어서 가기엔 고된 거리를 상대적으로 빠르게 이동할 수 있다는 점에서 시니어 여행객들에게도 인기이다. 최근에는 전기자전거가 상용화되면서 자전거 여행이 한결 편리해지고 있다. 이러한 프로그램을 주요한 여행프로그램으로 하고 있는 버터필드&로빈슨 여행사는 전 세계 100여개 이상의 여행상품을 판매하고 있다. 대표적 여행상품으로는 자전거로 넘는 인도 남부 퀼트 언덕, 자전거로 거니는 프랑스 버건디 와인밭 등이 존재한다. 원한다면 소규모로 인원을 한정하여 가족 혹은 친구들과 여행을 떠날 수도 있으며, 모든 여행길에는 전용 밴과 전문 스태프가 함께한다. 전기자전거 또한 옵션으로 선택할 수 있기에 다소 고된 여행코스도 부담을 최소화할 수 있다.

버터필드&로빈슨에서도 로드 스칼라와 같이 활동 수준에 단계를 나누고 있다. 단계는 총 5단계로 자전거나 도보로 걷는 거리와 지형의 험난한 수준에 따라 나뉜다. 1단계 Ocassional, 2단계 Recreational, 3단계 Enthusiast, 4단계 Avid 그리고 5단계 Expert 순으로 5단계가 가장 지형이 험난하고 거리가 길다.

위의 해외사례뿐만 아니라 최근에는 우리나라도 고령층을 위한 '복지관광'이라는 인식에서 벗어나 그들을 하나의 관광수요층으로 보고, 시니어들의 활동적인 관광을 개발 및 활성화하고자 노력 중에 있다. 이에 따라 로드 스칼라와 같이 교육과 여행, 두 마리의 토끼를 잡을 수 있어 각광 받고 있는 우리나라의 한 사례를 살펴 보겠다.

5. 한국 : 꿈꾸는 시니어 여행자, '여행대학'

야놀자의 계열사인 여행대학은 문화체육관광부 주최, 한국관광협회 중앙회 주관의 국내 최초 여행문화 교육 프로그램이다. 이는 60세 이상 시니어를 대상으로 하며, 고령층들에게 평소에 꿈꿔오던 자유로우면서 주도적인 여행을 선사하고자 기획되었다. 여행대학에 입학한 수강생들은 여행작가, 여행크리에이터, 여행사진가 등의 분야별 전문가들의 강의를 수강할 수 있으며, 수강료는 전액 무료이다.

야놀자 공식 홈페이지의 보도자료에 따르면, 지난해 경쟁률은 11대 1로 최근에는 코로나19 예방을 위해 위생 및 방역을 실시하여 안전한 교육을 진행하고 있다고 한다[98]. 교육 후에는 최종 여행

실습을 거치게 되는데, 이 또한 개인 혹은 6명 이내의 소그룹으로 운영된다. 지금까지 강의는 총 500회 이상 진행되었으며, 약 3,600명의 수강생들이 졸업했다.

여행대학에서 눈여겨 볼 점은 바로 '여행크리에이터' 강의이다. 앞서 언급했었지만, 시니어들이 단순히 신체적인 면만이 활동적으로 변화해서 '플렉스'라는 것이 아니다. 이들이 스마트기기에 익숙해지면서 IT기술이 접목된 관광서비스들도 함께 떠오르고 있다. 도전적이고 모험적인 여행지를 직접 여행하지 않더라도 유튜브를 통해 사전 경험이 가능해졌고, 직접 여행크리에이터가 되어 자신의 소소한 여행경험을 공유하는 방법을 스스로 배워가며 만족하고 있다. 자신의 경험을 공유하는데 있어 매우 '플렉스'한 그들이다. 나아가 4차 산업혁명의 시대답게 가상현실과 인공지능 서비스가 플렉스 시니어를 위한 관광서비스에 접목된다면, 기존의 사례들에서는 볼 수 없었던 관광 비즈니스의 탄생도 가능할 것이다. 노인정이 아니라 VR을 통해 옆집 똑순이네 할머니와 산책이 가능해지고, IoT 건강 모니터링 시스템으로 실시간 건강상태를 확인하고 외출할 수

97 야놀자(2020.06.19.), 야놀자 여행대학, '시니어 꿈꾸는 여행자 과정' 서울·원주·군산 수강생 모집, 야놀자 홍보팀 보도자료.

있는 시대가 바로 지금의 시대이다. 여행의 수단과 방법이 어떠하든 기술의 발전으로 더욱더 반짝반짝 빛나게 될 그들의 여행을 응원한다.

이미 고령화 사회를 넘어 초고령화 사회로 접어들었다. 고령인구가 증가함에 따라 플렉스 시니어 시장은 신시장으로 떠올랐고 문화콘텐츠의 중심으로 자리를 잡아가고 있다. 앞으로 다양한 분야에서 활발한 활동을 펼치며 우리의 마음에 울림을 줄 플렉스 시니어들을 더욱 자주 마주하게 될 것이며, 플렉스 시니어 산업과 콘텐츠가 더욱 확대될 것으로 전망한다. 이제는 얼마나 오래 사느냐보다 지금 이 순간을 얼마나 즐겁고 주체적으로 사느냐가 중요해진 시대이다. '70세에 저세상에서 날 데리러 오거든, 할 일이 아직 남아 못 간다고 전해라' 가요 '백세인생'의 노랫말처럼 당당히 자신만의 라이프스타일을 구축하며, 제2의 인생을 꿈꿔 나가는 플렉스 시니어의 찬란한 행보를 기대해 본다.

Chapter 07

취향존버시대,

"소비해라, 그럼 열릴 것이다"

BOARDING PASS

PASSENGER
PLANB

DEP.
1:30 PM
15 FEB 2021

SEAT
20D

취향존버[99] 시대

"소비해라, 그럼 열릴 것이다"

FLIGHT
KORLINE

PASSENGER
PLANB

GATE
C21

SEAT
20D

DEP.
1:30 PM
15 FEB 2021

과거 한 집단, 동일한 것을 향유하던 시대가 지나가고 오늘날에는 '개인적 취향'이라는 새로운 개념이 생겨났다. 또한, 비슷한 취향을 가진 사람들이 온·오프라인으로 모이게 되면서, 모임·커뮤니티 등이 자연스레 생성되었다. 오늘날 취향은 '당연히 존중받아야 하는, 중요한 개인의 경향'으로 인식된다. 이제는 취향을 존중한다는 '취존'이란 신조어가 낯설지만은 않다. 향수 하나를 뿌리더라도 나만의 시그니처 향수를 찾고자 향수 제작 클래스에 참가하기도 하고, 직접 수제 향수 공방을 찾아 나서기도 한다. 개인의 취향이 점차 다양화되고 확고해진 대표적 이유로는 인간의 경험이 확장되면서, 개인의 삶에 충실하고자 하는 방향으로 삶에 대한 기본적 태도가 변화되었기 때문이다. 사회적으로나 관습적으로 행해온 틀에 갇혀 자신이 원하는 것을 당당히 누리지 못하던 모습들은, 이제 더 이상 예의 있고 융통성 있는 모습이 아니다. 특히 SNS를 통해 자기 생각을 표현하고 개성을 과감히 보여주던 10대~20대 세대들이 주요 소비층으로 떠오르면서, 고정된 관념이 아닌 다양한 취향을 존중하는 문화가 새로운 트렌드의 한 축으로 성장했다.

개인의 생각이나 방향을 존중해 주면서 생긴 신조어로 "라떼는 말이야"라는 문장이 있다. "나 때는 말이야~"라며 운을 띄우던 상

99 견디고 또 견딘다는 뜻의 은어. 일단은 버티면서 기회를 기다리는 것으로 '배틀 그라운드'란 게임에서 주로 사용되었다.

사 혹은 어르신분들에게 당당히 맞서기 위해 상대적으로 젊은 세대들이 '나 때'를 '라떼'로 바꿔 신조어를 만든 것이다. 그때는 그때고 지금은 지금이다. 지금은 세상이 변화했다. 세상의 변화처럼 소비자의 취향도 종잡을 수 없을 만큼 빠르게 변화한다. 언제 어떤 취향이 소비자의 마음을 사로잡아, 또 하나의 새로운 트렌드로 자리 잡을지 가늠하기 쉽지 않은 시대다. 가령 7080세대의 나팔바지가 '부츠컷'이라 불리우며 다시 인기를 끌게 될지 과연 누가 예상이나 했겠는가. 뽕짝이라 불리며 어르신들의 전유물로 여겨지던 트로트 또한 아이돌 못지않은 인기몰이를 하게 될지, 그 누구도 장담하지는 못했을 것이다. 과거 여성들은 '여자면 여자답게 입어야지!'라는 고정적 관념에 사로잡혀, 짧고 시원한 숏컷은 시도조차 못했다. 하지만 최근 성별을 구분하지 않고 자신의 취향대로 표현하는 '젠더리스Genderless'가 또 하나의 트렌드로 자리 잡기도 하였다. 이제 어떤 취향이건 단번에 무시 못 할, 나름의 힘을 가지고 있다. 현재는 비주류 취향일지라도, 언제 주류의 취향이 될지 알 수 없는 것이 사실이다. 이는 최근의 소위 핫하다는 트렌드들이 몸소 보여주고, 알려주고 있다. 이러한 최근의 새로운 트렌드들은 우리에게 이렇게 말하고 있다.

"일단 소비하라. 그리고 기다려라. 그럼 새로운 취향의 시대가 열릴 것이다."

Part 1
향기
취향

기업의 향기마케팅

인간이 지닌 다섯 가지 감각 중에서 기억과 가장 연관이 있는 감각은 단연 후각이다. 후각은 어떤 향기를 맡았을 때 그에 동반하는 감정과 기억까지 함께 불러오는 유일한 감각기관으로서 인간의 오감 중 기억에 가장 큰 영향을 미친다. 우리 뇌에는 인간의 감정과 기억을 주관하는 대뇌변연계라는 곳이 있는데, 후각신경세포로부터 감지된 향기는 이 대뇌변연계라는 부위와 직접적으로 연결되어 있다. 따라서 우리가 어떠한 향을 맡으면 그 향이 어떠한 향인지 알아차림과 동시에 그 향에 대한 기억과 감정까지도 떠올릴 수 있다. 이 때문에 인간이 느끼는 감정의 약 75%는 후각에 의해 좌우된다고도 알려져 있다. 이처럼 '향의 기억'은 단순한 기억뿐만 아니라 감정에 대한 기억을 떠올리게 하는 특별함이 있기 때문에 좋은 향기는 좋은 기억을 각인시키는데 중요한 역할을 한다. 이러한 현상을 소설가 마르셀 프루스트의 이름을 빌려 '프루스트 효과'라 부르는데, '잃어버린 시간을 찾아서'란 책의 작가이자 소설 속 주인공인 마르셀이 한 카페에서 마들렌을 홍차에 찍어 먹다가 어릴 적 고모가 구워준 마들렌과 이를 홍차에 찍어 먹으며 느꼈던 행복한 기억을 생생하게 되살렸다는 내용에서 유래하였다. 이처럼 향기는 과거에 내가 경험했던 사실적인 기억과 감정적인 기억을 동시에 떠올리게 하는 중요한 매개체가 되며, 그중에서도 과거의 행복했던 느낌과 감정을 다시 되살려주는 기폭제가 된다.

최근 향기업계에서는 남녀를 구분 짓지 않는 젠더리스 향수가 성행 중이다. 향수의 용기부터 성별이 구분지어지던 기존과는 다르게 성에 대한 소비자 의식이 반영된 새로운 트렌드가 향기업계까지 적용되어진 것이다. 향기는 시대의 트렌드를 반영할 수 있는 매개체가 되었음을 보여준다.

기업들이 이러한 특성을 이용하여, 마케팅을 적용하는 사례가 늘고 있다. 호텔, 화장품 가게, 백화점, 옷 가게 등에 들어서면 각 브랜드의 개성을 강하게 드러내는 향이 나는데, 이러한 향기를 방문자의 머릿속에 해당 브랜드의 이미지로 각인시키는 것이다. 이러한 마케팅 방식을 '향기마케팅'이라 부르는데, 최근 이 향기마케팅은 다양한 업계에서 적용되어지고 있다.

향기마케팅의 대표적 브랜드인 '러쉬LUSH'는 매장 안의 가득한 향기가 밖으로까지 흘러나와 근처에 있는 사람 모두가 향을 맡을 수 있는 브랜드로도 유명하다. 비누와 입욕제 등이 포장용기 없이 놓여있기 때문에 이러한 향기가 자연스럽게 노출되게 되는데, 이러한 향기로 인해 사람들을 이끌고 있는 향기마케팅의 대표적 사례라 할 수 있다.

이랜드 계열의 의류 브랜드 '후아유WHOAU'는 국내 브랜드임에도 불구하고 '캘리포니아 드림'을 콘셉트로 내세워 매장을 이국적인 분위기로 연출하였다. 캘리포니아에서 가장 유명한 과일인 오렌지를 활용하여 매장에서 은은하게 오렌지 향이 퍼지도록 만들었는데, 이 오렌지 향은 후아유가 프랑스 향수업체와 손잡고 만든 것으로 'Dream'이라는 이름을 붙여 향수로 개발해 판매하기도 하였다. 또 커피와 도넛이 생각나는 곳, 던킨의 flavor Radio는 향기마케팅으로 손꼽히는 성공사례이다. "다음 내리실 역에서 던킨에 들르시는 것은 어떨까요?"라는 음성멘트가 출근하는 직장인들이 탄 버스에 방송됨과 동시에 던킨의 커피향기가 버스안을 가득 채운다. 이후 이 향기마케팅을 접한 출근길 직장인의 발길은 던킨으로 향하였다.

현대건설은 프리미엄 아파트 '디에이치' 브랜드의 전용향 '에이치플레이스H Place'를 개발하였다. 향기마케팅을 아파트에 적용한 국내 첫 시도라 할 수 있다. 현대건설은 입주민의 일상생활에서 '에이치 플레이스H Place' 향을 느낄 수 있도록 향수, 디퓨저, 에센셜오일 등을 제작하고 향을 일정하게 분사하고 유지할 수 있는 기술을 개발하여, 아파트 시설 내에 적용하였다. 이는 고객의 후각만으로도 디에이치를 상기시킬 수 있도록 하기 위한 현대건설의 새로운 향기 마케팅 방식으로 타 브랜드와 차별화를 위해 기획되었다.

카지노에도 향기마케팅 바람이 불고 있다. 향기마케팅 기업 센트온의 유정연 대표는 해외 카지노의 향기마케팅 도입으로 인해 카지노 이용객의 만족도가 높아졌으며, 카지노의 매출이 증가한 사례가 많다고 하였다. 실제로 향기를 입힌 슬로머신에 카지노 이용객의 30%가 더 오래 앉아있었다고 말하기도 하였다. 제주에 위치한 LT카지노는 센트온과 협력한 향기마케팅으로 고객에게 쾌적한 환경과 큰 만족감으로 좋은 기억을 선사하기 위해 노력하고 있다.

향기는 기억과 감정기억이 더욱 생생하게 되살아날 수 있도록 도움을 주며, 마케팅 수단으로도 성공적인 반응을 얻고 있어 여행산업에도 향기 관점의 새로운 접근이 필요한 시점이다. 하지만 아직까지는 향기와 관광산업을 연관 짓기에는 어색한 부분이 존재하는 것도 사실이다. 새로운 관광지를 탐색하는 데에 향기라는 것이 아직은 그다지 중요하게 와 닿지 않을 수도 있다. 하지만 관점을 조금만 전환하여 접근한다면, 관광에 향기를 덧붙인 사례를 의외로 쉽게 찾아볼 수 있다. 장미축제에서 느낄 수 있는 짙은 장미향, 내가 꼭 한번 가보길 고대하던 스테이크 집에서의 고기 굽는 냄새, 제주도에서 파는 바다향 캔들, 영화관에서의 달콤한 팝콘향 등 향기는 우리가 생각하는 것보다 더 많은 곳에 자리 잡고 있다. 관광지로 이동할 때 이용하는 렌터카에서 우연히 너무 좋은 향기가 난다면 어떨까, 행복했던 내 여행지 숙소에서의 잊지못할 향기라면 어떨까. 어쩌면 인공적인 향 일지라도 여행지에서 보내는 시간과 장소를 보다 좋은 기억으로 남게 할 향기라면, 그 여행의 기억을 한층 더 기분 좋게 만들어 줄 수도 있다. 또한, 향후 이러한 향기의 기억은 다시 한번 그 여행을 추억하게 하고, 재방문하게 하고 싶은 마음이 들게 할 좋은 마케팅 요소인 것은 확실하다.

이러한 향기마케팅을 최근 관광산업과 연결시켜 보려는 시도들이 나타나고 있다. 최근 관광산업에 적용된 대표적 향기마케팅 사례로는 '진에어' 항공을 들 수 있다. 진에어항공은 국내 항공사 중에서는 가장 발 빠르게 향기 테라피를 도입하였는데, 승객들의 쾌적한 비행을 돕기 위해 비행기 내부에 향기를 입혀 승객들의 비행 스트레스 해소는 물론 기내 공기 질 개선 및 항균 효과를 까지 거두었다. 장시간 비행하는 승객들을 위해서는 심신안정에 도움이 되도록 은은한 아로마 향을 입혔는데, 항공기 내에는 따뜻한 꽃향기를 배치하고 화장실에는 산뜻한 수목향으로 구성하였다.

향기마케팅 사례는 최근 콘서트장에서도 활용되고있다. 2019년에 열린 봄여름가을겨울의 콘서트에서는 팀명에 걸맞은 자연의 향기를 콘서트장에 발향하여, 콘서트장의 관람객들에게 향기로 기억할만한 큰 인상을 남기기도 하였다.

한편 최근 숙박업계에서는 자신만의 시그니처 향을 만들어내기 위해 노력 중이다. 자신들만의 고유한 향기로 자신의 호텔을 홍보하고, 동시에 이용객들을 유혹하고 있다. 이미 몇몇 호텔들은 자사의 시그니처 향을 개발하여 객실에 배치하고 있다. 포시즌스 호텔은 아늑하고 편안한 느낌을 주는 시그니처 향을 사용하는데, 각 지점에서 시그니처 향을 동일하게 사용하지 않고, 오히려 관광지별, 도시별로 그 지역의 정체성을 드러내주는 고유한 시그니처 향을 개발하여 사용하고 있다. 호텔을 위한 향을 제조하는 것에 그치지 않고, 타겟을 보다 세분화하여 고객들의 니즈를 반영한 향기마케팅을 실시한 것이다.

국내 호텔 중에 시그니처 향기를 가장 먼저 사용한 더플라자호텔은 숲을 떠올릴 수 있도록 유칼립투스 나무에서 추출한 향을 호텔의 로비와 전 객실, 그리고 직원의 향수로 사용하며 고객에게 일관된 향을 제공하는 향기마케팅을 실행하고 있다.

향후 숙박업계에서는 이러한 시그니처 향이 호텔 선택의 기준으로 삼을 수 있는 시대가 올지도 모르겠다. 과연 시그니처 향이 호텔의 또 다른 선택 기준이 될 수 있을까? 사실 우리가 인식하고 있지 못하는 사소한 순간들에도, 어쩌면 향기마케팅에 노출되어 있는 경우가 의외로 많다. 영화를 테마로 하는 유니버셜스튜디오라는 테마파크에서는 진입로에서부터 팝콘향을 뿌려 방문객으로 하여금 영화관에 온 것 같은 느낌을 주는 향기마케팅을 실시하고 있다.

어떠한 향기와 어떠한 방식으로 관광객의 기억을 사로잡는지가 중요하며, 그 기억으로 인해, 혹은 그 기억을 만들기 위해 관광객들은 또 한 번 이 관광지를 선택하게 될 것이다. 관광객의 기억을 사로잡을 수 있는 관광업계의 향기마케팅 방안의 구축이 필요하다.

그렇다면 관광업계에 향기마케팅은 어떻게 도입되어야 할까? 관광업계의 향기 마케팅은 관광객이 방문했던 관광지의 향기를 연상함으로부터 시작될 수도 있고, 관광객을 유치하기 위한 새로운 향기라는 명목으로 마케팅 되어질 수도 있다. 또한, 그 관광지를 기억할 수 있도록 하는 시그니처 향의 개발로도 관광객을 모집할 수 있다. 이뿐 아니라, 향기로 힐링하는 아로마 테라피, 내가 좋아하는 카페의 원두향 등 내가 좋아하는 곳의 향기를 따라 떠나는 관광으로 마케팅 되어질 수도 있다. 이처럼 관광업계에서 향기마케팅은 광범위하게 적용될 수 있다.

향기에 추억을 입힐 수 있는 방법 중 하나는 스토리텔링이다. 하나의 사례를 살펴보자. 가죽의 도시라 알려진 중세도시의 그라스에서는 가죽공예의 명성이 자자했지만, 작업 시 발생하는 냄새가 아주 지독하였다고 한다. 그래서 어느 한 가죽 장인이 이러한 냄새를 막기 위해 작업용 장갑을 다양한 프로방스의 꽃향기가 담긴 욕조에 담그기 시작했고, 이는 '그라스 향수'의 시초가 되었다고 한다. '그라스 향수'를 좋아하는 사람에게는 이러한 역사적 사실에 기반한 향기 관광이 보다 의미있게 다가오지 않을까? 이렇게 관광객이 관심을 가지고 있는 분야의 역사적 사실에 기반한 스토리텔링 관광이 이루어진다면 보다 특화된 그 지역의 관광루트가 생겨날 수 있을 것이다.

〈카페도쿄〉라는 책에선 커피의 향기를 담은 도쿄의 카페들을 찾아 떠나는 작가의 여행이야기가 고스란히 담겨있다[100]. 도심에 즐비한 프렌차이즈 카페가 아닌 도쿄 곳곳의 개인 스페셜티 카페를 여행하며 생긴 추억들이 빼곡하다. 한편 〈향수 그리고 향기〉라는 책에서는 명품향기를 탄생시킨 도시로 떠나는 향기기행을 중심으로 내용이 서술되어있는데 뉴욕, 파리, 런던, 밀라노 등 각 도시를 대표하는 향수의 고향을 찾아가는 향기 여행과정이 자세히 기록되어 있다[101]. 향기는 후각을 자극하는 것을 넘어서 앞으로의 추억을 만들어 줄 수 있는 매개체가 될 수도 있는 것이다.

이번에는 관광지를 향기로 기억하는 과정을 한번 만들어보자. 예를 들어 서울을 향기로 추억하기 위해 독특하고 고유한 향으로 기억하고자 한다. 경복궁을 떠올릴 수 있는 향기를 한번 생각해 보자. 서울의 기억을 나만의 방식으로 추억할 수 있는 향기는 시간이

100 임윤정(2007), 카페도쿄, 황소자리
101 임원철(2013), 향수 그리고 향기, 이다미디어

지난 후 이 향기를 다시 맡았을 때, 나의 변연계를 자극한 그날 서울에서의 추억이 떠오르게 될 것이다. 〈여름향기를 떠나는 여행〉에서는 남도의 여름향기와 관련된 관광을 소개하고 있다[102]. 보성 차밭의 맑은 녹차향, 휴양림의 편백나무 향, 전나무 숲길의 짙은 전나무 향, 들꽃의 향기 등 남도에서만 느낄 수 있는 여름향기를 찾아 떠나는 여행을 소개하고 있다.

향기와 관련된 다양한 관광 서적들을 소개하였지만, 앞으로 관광과 향기와의 커넥팅 요소를 활용한 다양한 시도가 필요할 것이다. 도시별 적합한 테마를 찾고, 향기가 있는 관광지로 마케팅 한다면 '향기 도시'로 또한 새롭게 명성이 높아질 지도 모를 일이다.

향기와 원데이클래스의 결합

못생기고 낡은 제품일지라도 '다른 사람들과 다르다'라는 인식을 줄 수 있는 것을 보다 선호하는 세대인 밀레니얼 세대. 이들은 구하기 어려운, 나만의 희소성이 있는 가치를 선호한다. 당일여행, 생활관광이 일반화되고 있는 이 시점에 같은 하루를 보내더라도 조금 더 가치 있고 의미 있는 나의 하루를 원하는 소비자들에게 원데이클래스와 같은 프로그램들이 주목을 받고 있다. 원데이클래스 프로그램들은 제빵, 메이크업, 조향 등 다양한 분야의 클래스가 진행되고 있는데, 대부분 소비자의 니즈를 반영할 수 있는 형태로 진행되고 있다. 원데이클래스 중 특히 조향 클래스는 소비자 각자의 취향에 따라 향기를 만들고, 이렇게 만들어진 제품은 본인만의 향수로 사용할 수 있다. 자신이 원하는 향을 자신의 취향대로 만드는 이 자체가 소비자에게는 또 하나의 새로운 여가이며, 새로운 추억으로 남게 된다. 소비자는 이러한 과정에서 재미를 느끼며, 지친 일상 속 스트레스가 해소되기도 한다. 관광과 향기의 결합도 이렇게 소소하게 시작되어 질 수 있다. 큰 틀에서의 관광은 새로운 경험과 여가활동이지만, 한편으론 지친 심신을 위로하는 모든 사소한 순간을 포함할 수도 있다. 앞으로 관광업계에서도 향기와 결합된 독특하고 다양한 마케팅의 등장과 확대를 고대해 본다. 향기로 인해 더욱 폭넓어질 관광이 기대된다.

102 김산환(2003), 여름향기를 찾아 떠나는 여행, 성하

Part 2

미식 취향

나의 취향이 담긴 맛지도

맛집을 찾고 선정하는 과정은 다양하다. 포털사이트나 네비게이션 지도에서 '경희대 맛집'처럼 자신이 가고자 하는 장소의 맛집을 검색하고, 또는 인스타그램의 해시태그를 통해 검색하기도 한다. 요즘에는 백종원, 이영자, 김준현 등 실제 음식 · 요리와의 관계가 밀접한 사람들의 영향력이 높아지면서 그들이 소개하고 다녀간 맛집을 수집하고 투어하는 사람들도 많아졌다. MBC 예능프로그램 '전지적 참견 시점'에 출연 중인 코미디언 이영자는 프로그램을 통해 전국의 여러 맛집을 소개해왔다.

음식을 표현하는 감칠맛 나는 표정, 음식에 생명을 불어넣는 마성의 표현력, 맛있게 먹는 방법까지 소개하는 그녀의 모습은 시청자들로 하여금 군침을 돌게 하고 맛집을 수집하고자 하는 욕구를 불러일으켰다. 이른바 '영자리스트'를 수집하는 것이다. 이제 시청자들은 다른 목적지로 가는 길에 휴게소를 들리는 것이 아니라 목적지가 코미디언 이영자가 소개한 소세지와 떡이 어울어진 간식, '소떡소떡'을 먹으러 안성휴게소로 간다. 그리고 그녀가 알려준 맛있게 먹는 방법대로 먹어본다. 이러한 열풍으로 코미디언 이영자가 추천하는 식당은 그녀의 이름과 미슐랭Michelin을 합쳐 '영자슐랭'이라고 불릴 정도이다.

또한, 외식사업가 백종원은 MBC 예능프로그램 '마이 리틀 텔레비전'의 '백주부'에서 '백파더'까지 변화무쌍한 저력으로 시청자에게

[출처] 네이버 카페 '백종원 투어'로 검색한 결과(2020.07.04.).

다양한 요리와 음식에 대한 지식을 선사하고 있다. SBS '백종원의 골목식당', tvN '스트리트 푸드 파이터', EBS '세계 견문록 아틀라스' 등 그가 출연하는 프로그램에서 여행하면서 소개한 식당, 그의 솔루션을 받고 새롭게 개선된 식당을 찾아 미식탐방을 떠나는 사람들도 많아졌다.

방송 이후부터 지금까지 각종 온라인 커뮤니티와 SNS에는 백종원이 다녀간 맛집, 이영자가 추천해 준 메뉴를 먹었다는 인증 사진과 후기가 줄지었다. 이영자는 백종원과 함께 소비자들에게 맛집 '보증수표'로 인식되고 있고, #백종원 맛집탐방, #이영자 고속도로 맛집 등의 해시태그도 많이 볼 수 있다. 이러한 현상은 한 조사결과를 통해서도 재검증 되었다.

대학내일 20대연구소는 전국 만19세~34세 남녀 900명을 대상으로 '밀레니얼 세대의 식생활 및 식문화 조사'를 시행하였다[103]. 조사결과에 따르면 맛집 정보를 신뢰할 수 있는 유명인은 백종원 33.1%이 가장 높게 나타났으며 이어 이영자19.6%가 2위를 차지했다. 그 뒤로 김준현12.3%, 신동엽7.1% 등이 나타났다. 또한, TV프로그램 가운데 가장 배고프게 하는 프로그램에는 코미디TV의 '맛있는

103 대학내일 20대 연구소(2018), 2018 밀레니얼의 식사법 19-34세 식생활 및 식문화 연구보고서, 1-11.

녀석들35.3%'이 압도적인 지지를 받았다. 특히 밀레니얼 세대 대부분이 TV프로그램과 SNS에서의 맛집소개가 '외식문화 발달'과 '상권형성'에 긍정적으로 기여했다고 응답했고 맛집을 소개하는 콘텐츠가 상권형성에 크게 기여한다는 응답이 높았다. 이러한 결과로 보아 밀레니얼 세대는 TV프로그램으로 맛집이 대중화되는 과정에 대해 긍정적으로 생각하고 있으며, 콘텐츠의 영향력 또한 높다는 것을 알 수 있다.

여행하면서 빼놓을 수 없는 즐거움 중 하나가 바로 맛집 탐방이다. 포털사이트 · SNS, 주변인의 추천 등 맛집을 찾는 방법도 다양하지만, 최근에는 코미디언 이영자씨와 외식사업가 백종원씨의 추천 맛집 그리고 먹방 프로그램에서 소개하는 맛집에 나의 개인적 음식 취향까지 결합하여 '자신만의 취향이 담긴 맛집 리스트'를 새롭게 만들고 있다. 또 직접 이곳에 탐방을 가고, 그 후기를 적극적으로 올리는 것이 하나의 먹방기행, 취미 활동처럼 인식되고도 있다. 이러한 미식 취향이라는 하나의 새로운 트렌드가 외식·여행 문화의 발달뿐만 아니라 새로운 상권의 형성 등 긍정적 효과를 불러일으키기도 한다.

그러나 한편으론 대형 외식 프랜차이즈가 성행하고 있는 이 시점에 앞으로 이러한 개인적 미식 취향이 반영된 외식 · 여행 문화가 보다 다채롭고 다양하게 변화되길 기대해 보고 싶다.

커피로 인한,
새로운 문화를 만들다

2019년 5월 대한민국을 들썩이며, 많은 사람을 성수동으로 이끈, 일명 커피업계의 애플 '블루보틀'이 오픈하였다. '한국에 상륙한다'는 티저 마케팅만 2년을 진행하여 커피애호가들의 궁금증을 크게 유발한 후 오픈한 만큼 오픈 하루 매출 약 6,000만 원을 달성하며 세계 블루보틀 70여개의 매장 하루 최고 매출 기록을 뛰어넘었다[104]. 커피한잔을 위해 2~3시간의 기다림도 마다하지 않았다. 기다림의 미학을 즐긴 이들은 블루보틀의 '인증샷'을 찍고, SNS에 업데이트하며 블루보틀을 '방문해볼만한', '인스타그래머블'한 장소로 자리매김 시켰다. 커피를 마시기 위해서는 몇 시간의 줄을 서야한다는 수고로움에도 불구하고, 커피애호가들 사이에서 꼭 가야만하는 곳이라 평가받는 이유는 평소 접해보지 못한 스페셜티 커피라는 신선함이 있기 때문이다. 블루보틀에서 사용하는 원두는 국제 스페셜티 커피협회SCA 기준으로 100점 만점 중 80점 이상을 받은 최고급 원두를 사용하며, 엄격한 관리 하에 로스팅, 추출이 된다는 스페셜티Specialty 전략이 있다. 또한, 커피를 추출하는 3분 여간의 시간동안 바리스타와 고객은 충분히 소통할 수 있다. 카페를 넘어 커퓨

104 김보라(2020.06.07.), "알바 없는 블루보틀, 이직률 0%…커피보다 소통을 배운다", 한국경제.

니티 공간으로 평가받는 블루보틀은 오픈 1년이 지나 5개의 지점으로 확장하였다. 이에 현재는 오픈 초기만큼의 뜨거운 관심을 받기보다는 일상생활에서 스페셜티 커피를 즐길 수 있다는 지역커피 문화를 바꾸는 브랜드가 될 것이라는 포부를 가지고 있다. 커피 한 잔을 마시기 위해 수 시간을 기다릴만한 마케팅 전략, 커피를 추출하며 자유롭게 소통하는 분위기, 평소 접해보지 못한 스페셜한 커피 맛 등 블루보틀의 차별화 전략이 소비자들을 새로운 문화로 이끈 것이다.

세계에서 가장 큰 다국적 커피전문점인 스타벅스의 열기가 매우 뜨겁다. 스타벅스에서 커피를 구매하면 적립되는 e-프리퀀시를 통한 여름 이벤트 때문인데, 스타벅스의 고객들은 이 이벤트를 통해 증정되는 '서머 레디 백', 과 '서머 체어'를 받기위한 e-프리퀀시 모으기에 혈안이 되어있는 모습이다. e-프리퀀시를 모아 교환권 미션이 완료되면 증정받는 증정품임에도 불구하고, '서머 레디 백'을 구하기는 하늘의 별 따기다. 이를 구하기 위해 17잔의 커피를 한 번에 결제하기도 하고, 중고품 거래사이트에서 수고비 1만 원을 받고 대리교환 해주겠다는 이들까지 등장하였다. 한 매장에서는 이를 교환하기 위해 커피를 130만 원 결제한 사례까지 들려온다. 이들이 소위 말하는 '증정품'에 이토록 열광하는 이유는 무엇일까? 전문가들은 한정판 굿즈에 대해 '돈주고 살 수 없는 굿즈'라는 소비자들의 소장욕과 과시욕 발현을 이유로 들어 설명한다. SNS를 즐겨하는

MZ세대1980~2000년대 출생한 세대의 경우 아무나 쉽게 가질 수 없는 한정판 제품을 SNS에 공유하며 과시하는 것을 즐긴다. 이를 위해 적합한 것이 한정된 시간 내에 한정된 물량만 판매한다는 한정판 굿즈인 것이다. 이은희 인하대 소비자학과 교수는 비싼 커피의 상징성을 갖고있는 스타벅스의 브랜드 정체성과 소비자 자신을 연결하고, 이를 주위에 과시하려는 욕구인 과시욕으로 인해 불거진 일임을 시사하였다. 또한, 미래의 불확실성이 강한 세대들이 당장 잡을 수 없는 것에 대한 욕구를 풀기위한 수단으로서의 가능성도 열어놓았다. 소비자들을 굶주리게 한다는 헝거 마케팅, 한정판 굿즈를 획득하기 위한 소비자들의 노력은 계속해서 이어질 전망이다.

유휴공간을 휴식의 공간으로 탈바꿈!

카멜레존

한 공간에서 다양한 경험과 체험을 할 수 있다는 카멜레존의 신선함이 익숙한 것에 실증이 난 현대사회인의 구미를 당기고 있다. 카멜레존Chamele-zone은 기존 용도에서 벗어나 상황에 맞춰 새로운 곳으로 변신하는 공간을 뜻하는데, 카멜레온이 주변 상황에 따라 몸의 색을 바꾸는 것과 같이 공간 또한 시간과 역할에 맞게 변화가 이루어진다는 것을 뜻한다.

카페와 현대모터스 자동차 매장이 결합되어 탄생한 카멜레존에서는 커피를 마시며 신차를 구경하는 것은 물론 차의 탑승까지 가능하여 자동차 매장에서의 과도한 서비스를 부담스러워하는 사람들에게 안성맞춤인 공간으로 환영받고 있다. 편의점 또한 카멜레존을 이끄는 선두주자로서의 역할을 하고 있는데, 편의용품만을 판매하는 기존의 편의점을 탈피하여 수준높은 원두를 사용한 커피와 해외 디저트를 판매하기도 하며, 몇몇 편의점은 매장을 카페형 매장으로 변신시키기도 하였다. 1층에는 매장으로 구성하고 2층을 카페공간으로 꾸며, 북카페 · 스터디룸의 분위기가 가능하게 하였으며, 안마기 등을 배치하며 이용자들의 편의를 책임지는 공간으로 변모하고 있다. 전지적 참견시점의 이영자가 세차를 하기 위해 찾은 세차장에서는 디제이가 틀어주는 클럽음악이 흘러나온다. 디제이의 디제잉으로 세차장은 금새 클럽의 분위기를 자아내어 이곳이 클럽인지 세차장인지 분간하지 못하는 사람들의 모습이 전파를 탔다. 용인에 위치한 이 클럽세차장은 카페와 야외바비큐까지 가능한 공간으로 구성되어 있어 새로운 문화공간으로서 사람들의 이목을 집중시키기에 충분하다는 평을 받기도 하였다.

이마트 24는 이러한 트렌드에 걸맞게 폐공장과 창고를 복합문화공간으로 재탄생시킨 '투가든'을 개장하였다. 이마트 24시 편의점, 스테이크 레스토랑, 꽃가게, 북카페, 레고샵 등이 모여있으며, 이곳에 위치한 매장들은 공용테이블을 이용하여 서로 유기적인 관계를 맺고 있다. 공용테이블에서 커피를 마시며 책을 읽거나 레고를 조립하는 등 이용자들의 편의성을 극대화 시키고 있다. 현대와 과거 폐공장의 결합이라는 신선한 이미지로 소비자들의 흥미를 끈 '투가든'에 대한 관심은 나날이 높아지고 있다. 문화 힙스터들의 사이에서 이른바 핫플레이스라 칭하며 각광받고 있는 '사운즈 한남'도 카멜레존의 특성을 활용한 공간이다. 사운즈 한남은 600평 규모의 평지에 다섯 개의 건물로 구성된 유니크한 공간으로, 지역문화 활성화를 위해 계획된 부동산 프로젝트이다. 사운즈 한남은 14세대의 레지던스와 오피스, 유명레스토랑과 와인전문점, 서점 등의 15개 상점들이 어우러져 있어 마을 같은 분위기를 자아내지만, 세련된 공간 구성으로 많은 사람이 찾고 있다.

이렇게 오프라인 공간이 복합적 요소가 존재하는 카멜레존으로 변신하고 있는 이유는 온라인을 통한 소비가 일상화된 현재에서 살아남기 위한 하나의 전략적 수단이라 할 수 있다. 저렴하고 간편한 온라인 시장의 비중이 커지고 있는 현시점에서 오프라인 매장의 신선함 없이는 오프라인만의 경쟁력을 찾기 힘들기 때문이다. 또한, 소비자들의 관심을 유도할 수 있도록 공간의 의외성, 다양성을 강조하여 이용자들이 색다른 경험을 위해 일부러라도 찾기 위한 공간을 만듦에 있다. 신선함이 무기가 된 오늘날, 신선함을 찾아 나서는 고객의 취향을 사로잡기 위한 공간이 필요하다.

오늘의 요리는 사장님 마음대로, "무(無)취향이 제 취향입니다."

"여행 좋아하세요? 어느 나라를 가장 가고 싶으세요?"

위 질문에 선뜻 대답한다면, 당신은 반드시 직·간접적으로나마 여행경험을 가진 이일 것이다. 돈도 써본 사람이 더 잘 쓴다는 말이 있듯, 여행도 다녀본 사람이 잘 다닌다. 하지만 반대로 방송매체나 SNS를 통한 간접적인 여행경험조차 없는 이에게 위 질문을 한다면, 질문에 대한 답을 기대하긴 힘들 것이다. 이렇듯, 취향을 존중해주는 문화형성에서 또 하나 눈여겨 봐야할 것은 취향을 가질 수 있는 '경험'의 존재유무이다. 경험이 없다면, 취향도 없다. 그래서인지 최근 '남에게 모두 맡긴다'라는 뜻을 가진 일본어, '오마카세(おまかせ)'가 소비자들의 마음을 끌어 모으고 있다. 이는 일본의 스시 음식점에서 날마다 가장 신선한 재료를 이용한 스시를 고객들에게 제공하면서 쓰이기 시작해 현재 세계에는 일식뿐만 아니라 양식, 디저트에까지 확산되고 있는 하나의 취향이자 문화로 취급되고 있다. 내가 좋아할 만한 음식들을 추천해 주는 일종의 '큐레이션' 서비스이다 보니, 새로운 경험을 확대할 수 있는 좋은 기회가 되기도 한다. 게다가 생각해 보면 무(無)취향도 취향이다. 딱히 어떤 음식을 먹어야할지 떠오르지 않는 이에게 전문 쉐프가 직접 추천해 주는 메뉴는 최고의 맞춤형 서비스이자 솔루션이 되기도 한다. 특히, 결정에 어려움을 느끼는 소위 '선택장애[105]'를 가진 이들에게는 이

만한 서비스도 없다. 다만, 인공지능이 아니라 사람이 큐레이션하는 서비스이다 보니 쉐프의 직관과 명성이 가장 중요해 어떤 쉐프와 소비자가 만나는지에 따라 취향 저격의 정도는 다를 수 있다.

오마카세가 물 건너 일본에서 시작됐듯, 오마카세 서비스를 가장 흔히 볼 수 있는 곳은 일식집이다. 요새는 워낙 이러한 일임형 서비스가 별 대수롭지 않다 보니, 동네 어느 일식집에서도 쉽게 접할 수 있다. 다만, 쉐프에게 메뉴나 매장 관리의 권한이 적은 호텔업계에서의 본격적인 시작은 2018년 9월 1일 서울 힐튼의 일식당, '겐지(源氏)'에서 시도되었다. 겐지 이전, 몇몇 호텔에서 오마카세를 제공하는 경우가 있긴 하였으나, 겐지는 오마카세 전용 카운터를 만들고 오마카세에 방점을 둔 새로운 메뉴를 구성하는 등 오마카세 전문 식당으로의 탈바꿈을 시도하였다. 겐지에서는 스시 외에도 튀김을 뜻하는 '덴푸라(天ぷら)' 또한 오마카세로 제공하고 있으며, 특급호텔 중에서는 최초의 시도이다.

일본에 스시가 있다면, 한국에는 자랑스런 '한우'가 있다. 부위별로 그 맛과 풍미가 다양한 한우는 부위에 따른 개성 있는 요리가 가능해 오마카세로 제격이다. 그 대표적인 예인 청담동에 위치한 '비플리끄BEFLIQUE'는 최상급 한우의 여러 부위를 다양한 조리법으

105 선택장애 혹은 결정장애라고도 불리며, 실제 장애를 뜻하기 보다는 선택을 못해 괴로워하는 심리를 뜻하는 말.

로 재해석해 현대적이고 감각적인 파인다이닝 코스를 선보이고 있다. '한우 파인다이닝'이라는 새로운 장르를 만든 것이다. 나아가 비플리끄는 고객과의 소통을 통한 메뉴 개발 및 적절한 추천을 위해 100% 예약제로 이루어진다. 이와 같은 한우 오마카세에는 서울 청담동의 부로일BROIL, 용산 미티크Meatique, 체인점인 도쿄등심 등이 있다.

이 외에도 술을 고르면 술에 맞는 안주를 주방장이 즉석에서 만들어 주는 오마카세, 옷과 신발 등의 전신의 패션을 제안해 주는 패션 오마카세, 짐 포장에서부터 쓰레기 처리까지 이사의 모든 과정을 알아서 맡아주는 이사 전문 오마카세까지 개성있고 다양한 오마카세가 존재한다. 여행업계라고 다르진 않다. 어디로 가는지 알 수 없는 서프라이즈 여행, '미스터리 투어'라는 여행상품도 존재한다. 미스터리 투어는 여행사가 주축이 되어 기획하며, 최종 예약된 여행상품의 여행지와 여행코스는 참가자들에게 사전에 철저히 비밀로 부친다. 어디를 여행하고 어떤 경험을 하게 될지 참가자들은 전혀 알 수 없다. 그럼에도 그 상상에서 오는 기대와 설렘에 참가자들은 이러한 투어를 예약하곤 한다.

본 적도 먹어본 적도 없는 새로운 발견과 경험의 기쁨이
트렌드로 다가와 당신을 기다리고 있다.

이 책에서는 사회, 문화, 경제적인 환경에 따라 변화하는 여행자들의 소비, 그리고 그에 따른 관광 트렌드를 다루고 있다. 과거 여자는 혼자 여행을 다니면 안 되고, 혼자 여행 가면 친구도 없는 줄 알던 때가 있었다. 하지만 시대의 변화는 취향을 만들었고 그 취향이 존중받는 시대가 지금의 시대이다. 취저취향저격, 개취개인의 취향, 싫존주의싫음도 존중하자는 주의 등 신조어가 쏟아질 만큼 사회 전반적으로 개인의 취향을 존중하는 분위기가 강해졌고 자신의 취향과 관심사에 과감히 투자하는 사람들이 늘었다. 앞서 살펴본 사례와 같이 식품, 공간, 향기, 문화콘텐츠, 여행 등 분야를 막론하고 자신의 취향을 밝히는 데 있어 주저함이 적은 소비자를 겨냥하여 소비자의 취향을 만족시켜주는 맞춤형 서비스와 상품들이 증가하고 있다. 한 가지 분명한 것은 소비자들의 취향은 해를 거듭할수록 진화하고 있고 취향을 중심으로 소비자가 뭉치는 현상은 더욱 강력해질 것이다.

"평안감사(平安監事)도 저 싫으면 그만이다!" 아무리 남들이 좋다고 말하는 자리일지라도 본인 마음에 들지 않으면 마다하는 것이 인간이다. 어쩌면 현대인들의 삶에 대한 태도를 가장 잘 대변하는 말일지도 모른다. 기억하자. 세상의 변화는 당신의 취향을 존중하고 응원한다.

Chapter 08

집사견일체,

"떼어놓을 수 없는 우리 집 막내"

BOARDING PASS

PASSENGER
PLANB

DEP.
1:30 PM
15 FEB 2021

SEAT
20D

집사견일체

"떼어놓을 수 없는 우리 집 막내"

FLIGHT
KORLINE

PASSENGER
PLANB

GATE
C21

SEAT
20D

DEP.
1:30 PM
15 FEB 2021

우리 사회에 1인 가구가 점점 늘어나고 고령화 시대로 진입하게 되면서, 사람들은 외로움과 소외감을 달래 줄 친구가 필요해졌다. 그저 사람과 더불어 살아가는 애완동물이 아니라 이제는 인생의 희노애락을 함께하는 나의 반려자, 내 가족이라는 인식이 확산되면서 애견이라는 단어보다 반려동물로 불리고 있다. 우리에게 가장 친숙한 강아지, 고양이를 비롯해 기니피그, 어류, 조류 등 반려동물의 범위는 매우 다양해졌다. 그렇다면 반려동물을 양육하는 가구는 어느 정도 될까, 농림축산부가 국민 5천 명을 대상으로 조사한 2019년 동물보호에 대한 국민의식 조사 결과에 따르면 반려동물을 기르고 있는 가구는 전체 가구의 26.4%인 591만 가구로 2018년 511만 가구 대비 80만 가구가 증가하였다[106]. 국민이 가장 많이 기르는 반려동물은 '개'로 나타났으며, 총 반려동물 소유자 중 83.9%가 개를 키우는 것으로 조사되었다. 그 뒤를 이어 고양이32.8%, 어류 · 열대어2.2%, 햄스터1.2% 등의 순으로 나타났다. 이처럼 반려동물 천만 시대라는 말에 걸맞게 반려동물을 키우는 가구의 수는 매년 증가하고 있으며 여러 반려동물 중에서도 강아지와 고양이는 대표 반려동물로 자리매김한 지 오래다. 이에

106 농림축산식품부·농림수산식품교육문화정보원(2019), 2019 동물보호에 대한 국민의식 조사, 1-108.

반려동물과의 건강한 동행에 관심이 있는 사람들도 덩달아 많아지고 있다.

이런 현상에 반려동물과 관련된 방송프로그램과 영상이 많아졌다. '세상에 나쁜 개는 없다'라고 말하며 반려견을 이해하기 위해 84마리의 대변을 먹기도 했다던 전문 반려견 훈련사 강형욱은 EBS '세상에 나쁜 개는 없다', 채널A '개밥 주는 남자, 개묘한 여행', '강형욱의 보듬TV' 등 방송프로그램과 유튜브 채널을 통해 반려견의 입장을 이해하고 하나의 진정한 가족이 되는 방법을 제시해주고 있다. 또한, '강아지에게 사랑한다고 전하는 방법이 있나요?', '갸우뚱하는 강아지, 이유가 있나요?' 등 강아지를 키우다 보면 궁금했던 소소한 부분에 명쾌한 정답을 알려주기도 하며 반려견을 키우는 사람들의 궁금증을 시원하게 긁어주고 있다.

이뿐만 아니라 반려동물을 위한 유기농 간식 만드는 방법, 반려동물과의 일상생활과 여행 추억을 담은 Vlog 영상, 셀프 미용법 등 랜선집사들과의 소통영상도 SNS에 활발하게 업로드 되고 있다. 이는 반려동물을 위한 소비행태의 급증과 반려동물과 함께할 수 있는 사회적 인프라의 확대로 이어졌다. 최근 반려동물 동반 택시서비스, 반려동물 생활용품과 장난감을 매월 정기배송 해주는 서비스, 장난감로봇 등 반려동물을 키우는 사람들이 필요한 서비스의 등장과 함께 반려동물의 위생제품 및 건강식품 소비가 증가했다.

여행산업에서도 반려동물과 함께하는 여행문화의 확산으로 반려동물 동반여행에 대한 수요도 점점 커지고 있다. 반려동물과 동반 가능한 숙소를 모아 예약서비스를 제공하는 플랫폼, 반려동물 동반 여행상품, 반려동물 동반투숙 서비스, 반려동물 전용 해수욕장, 반려동물과 함께 식사할 수 있는 레스토랑 등이 등장하고 있다. 또한, 반려동물 동반 여행객의 증가와 지역경제 활성화에 기여할 수 있는 반려동물 놀이터, 반려동물 테마파크 조성사업 등 여러 지방자치단체의 반려동물 관련 사업도 눈길을 끈다.

이번 장에는 여가문화 전반에 반려동물의 영향력이 커지고 있는 만큼 성장하고 있는 반려동물 시장과 여행산업 그리고 반려동물과 함께하는 다양한 여가생활을 살펴보겠다.

반려동물도 여름휴가를 떠나고 여가를 즐기는 시대!
나의 반려동물은 집사에게 외친다. '나도 같이 가자!'

Part 1

반려동물과 여행

자신이 키우는 반려동물의 '집사'임을 자처하며 반려동물의 편안한 생활을 위해 노력하는 보호자들이 늘어나고 있다. 펫pet은 더 이상 애완동물의 의미가 아닌 사람과 더불어 사는 동물이라는 반려동물의 의미로 변화하기도 하였다. 이러한 시대의 흐름에 따라 '펫팸족'이라는 단어도 생겨났다. pet과 family의 합성어로 반려동물을 가족구성원 중 하나로 여기며 본인의 가족처럼 반려동물을 사랑하고 아끼는 사람들을 뜻하는 펫팸족은 점점 더 증가하고 있는 추세이다. 2019년 잡코리아에서 반려동물을 키우는 직장인을 대상으로 한 설문조사 결과 전체 응답자 중 93.9%가 스스로를 '펫팸족'이라 인식하고 있었다[107]. 이들은 자신의 반려동물을 위한 상품을 소비하는데 돈을 아끼지 않는다는 특징이 있으며, 이러한 특징은 펫코노미[108]의 등장에 상당한 영향을 끼친 것을 보여진다. 2020년 신한카드 빅데이터 연구소에서 진행한 조사결과에 따르면, 반려동물 시장 연평균 인당 이용금액이 2015년 20만 6천 원에서 2019년 26만 7천 원으로 증가했음을 확인할 수 있다[109]. 반려동물에게 소비하는 것을 아끼지 않는 것은 1인가구의 증가와 더불어 전반적인 소득이 증가하며 생활수준이 높아짐으로 인해 자신이 사랑하고 가족의 구성원이라 여기는 반려동물에 대해 아낌없이 투자하는 소비층이 형성된 것이다.

자신의 여가시간을 반려동물과 함께 보내며 특별한 추억을 만들고 싶어하며, 이에 따르는 소비를 아끼지 않는 이들을 겨냥한 반려동물 관련 산업이 다방면으로 확산되고 있다. 농림축산식품부에서 발표한 자료에 따르면 반려동물 산업 시장규모는 2010년 1조 원에서 2016년 1조 8,000억 원으로 성장하였으며, 2020년에는 5조 8,100억 원까지 증가할 것으로 전망하기도 하였다[110]. KB금융이 발표한 '2018 반려동물보고서'에서는 향후 시장 규모는 연평균 10% 이상 성장세가 유지돼 2023년 4조6000억 원, 2027년 6조 원 규모로 성장할 것으로 전망하기도 하였다[111]. 이러한 추세에 따른다면 반려동물 시장은 점점 더 증대될 것임이 틀림없으며, 우리는 이러한 트렌드에 발맞추어 반려동물을 위해 내놓는 관련 시장의 서비스를 파악할 필요가 있다. 반려동물을 위해 각 분야에서 야심차게 내놓은 관광상품을 함께 확인해 보자.

1. 운송

국내의 항공사 역시 반려동물을 위한 서비스를 시행하고 있다. 2017년 반려동물과의 동반여행 횟수에 따라 할인 및 무료운송 서비스인 '스카이펫츠'를 도입한 대한항공은 반려동물과의 여행증가 추세를 파악하여, 보다 많은 승객이 반려동물을 위한 부가서비스인 '스카이펫츠'를 이용할 것으로 기대하고 있다. 아시아나 항공은 2018년 기내반입 가능 반려동물 기준을 5kg에서 2019년 7kg로 늘이는 등 반려동물과의 여행제한을 해소하기 위한 서비스들을 제공하기 위해 노력 중이다. 차가 없는 반려인에게 반려동물과의 이동에 대한 부담감을 줄여주는 펫 택시 또한 성행 중이다. 일반택시의 경우 반려동물과 탑승을 거부하는 경우가 많기 때문인데 대중교통 이용이 불가능하거나, 빠른 이동이 필요할 때 아주 유용한 수단으로 각광 받고 있다. 펫 택시에는 반려동물을 위한 물품들이 잘 구비되어 있어 반려인의 수고를 덜 수 있기도 하다. 펫 택시 요금은 기본 7,000~8,000원으로 책정되고 있으며, 미터당 요금을 추가로 받고 있다. 하지만 아직까지 운행되는 펫 택시의 수가 현저히 적으며,

107 잡코리아X알바몬 통계센터(2019). 반려동물 키우는 직장인 10명중 9명 '펫팸족'.
108 'pet'+'economy'의 의미 사용.
109 신한카드 빅데이터 연구소(2020), 펫코노미 시대, 반려동물과 가족이 되다
110 농림축산식품부(2016), 반려동물 보호 및 관련 산업
111 황원경·정귀수·김도연(2018), 2018 반려동물 보고서-반려동물 연관산업현황과 양육실태, KB금융그룹

이용 시, 하루 혹은 최소 몇시간 전에 예약하여야 한다는 특성상 즉각적인 운행이 불가능하다. 또한, 2018년 동물보호법이 개정되며 '동물 운송업'이라는 업종으로 인정을 받았지만 여객운수 사업법과 화물 운송법 중 어디에도 속하지 않아 불법논란이 일기도 하였다.

2. 숙박

종합 숙박O2O 예약서비스 '여기어때'는 반려동물 동반 가능 숙소 사용자의 빅데이터를 분석한 지도 '2017 반려동물 배리어 프리barrier-free 숙소 지도'를 공개했다. 지난해 객실 예약 실적과 평점, 사용자 후기를 분석해 반려동물과 이용하기 좋은 '펫팸족 추천 숙박시설' 20곳에 대한 지도 서비스인 것이다. 펫팸족의 선택을 받은 숙소는 펜션이 80.5%로 가장 많았으며, 그다음으로는 게스트하우스12.5%, 캠핑3.5%, 호텔3.5% 순으로 나타났다[112]. 2016년 약 70여 곳에 불과했던 반려동물과의 동반숙박이 가능한 숙박시설이 2019년 약 10배 가까이 증가하였다고 한다. 애견동반이 가능한 숙소의 예약거래는 2016년 기준 전년대비 2017년에는 7.5배 이상이 증가한 것으로 나타났다.

국내의 5성급 호텔 또한 반려동물 시장에 관심을 보이며, 반려동물을 위한 서비스를 제공하기 시작했다. 신세계 조선호텔의 레스케이프 호텔은 호텔 9층을 반려인과 반려견의 동반투숙이 가능한 층으로 지정하였다. 이 객실을 이용 시 '웰컴키트장난감, 간식, 배변패드'

가 제공되며, 반려견 하우스, 목줄, 리드줄 등을 대여해 주기도 한다. 비스타 워커힐 서울은 '오마이 펫'이라는 서비스를 제공하고 있다. 반려동물을 위한 장난감, 배변봉투, 펜던트 등으로 구성된 웰컴키트를 증정하며, 객실에는 반려동물을 위한 전용침대 등이 배치되어 있다. 그랜드 머큐어 앰배서더 서울, 쉐라톤 서울 팔래스 강남, 오크우드 프리미어 코엑스 센터&인천 등이 반려동물을 위한 서비스를 실시하고 있다. 소노호텔&리조트 또한 펫캉스펫+호캉스를 즐기기에 최적화된 상품을 새롭게 출시하였다. 소노호텔&리조트는 총 184개의 반려동물 동반객실과 반려동물과 함께 즐길 수 있는 카페&레스토랑, 반려동물과 즐거운 시간을 보내기 가능한 플레이 그라운드, 동물병원 및 뷰티 · 스쿨 등으로 구성되어있다. 반려동물 동반객실은 반려동물의 성향과 행동동선을 고려한 설계가 적용되어진 객실로, 미끄럼 방지 논슬립 플로어 바닥마감, 낮게 디자인한 툇마루 등 반려동물이 이용하기 최적화된 객실로 구성되어져 있으며, 이밖에도 동물에 대한 지대한 경험이 있는 '펫 매니저' 들이 업장을 관리한다. 또한, 외과재활 수의사, 반려동물 전문 물리치료사, 반려동물 생활교육 트레이너 등 업계 최고의 반려동물 전문가들의 꾸준한 관리로 펫팸족의 많은 호응을 기대하고 있다.

112 신동훈(2017), 여기어때, 펫팸족이 극찬한 전국 반려동물 동반 숙소 공개, CCTV뉴스.

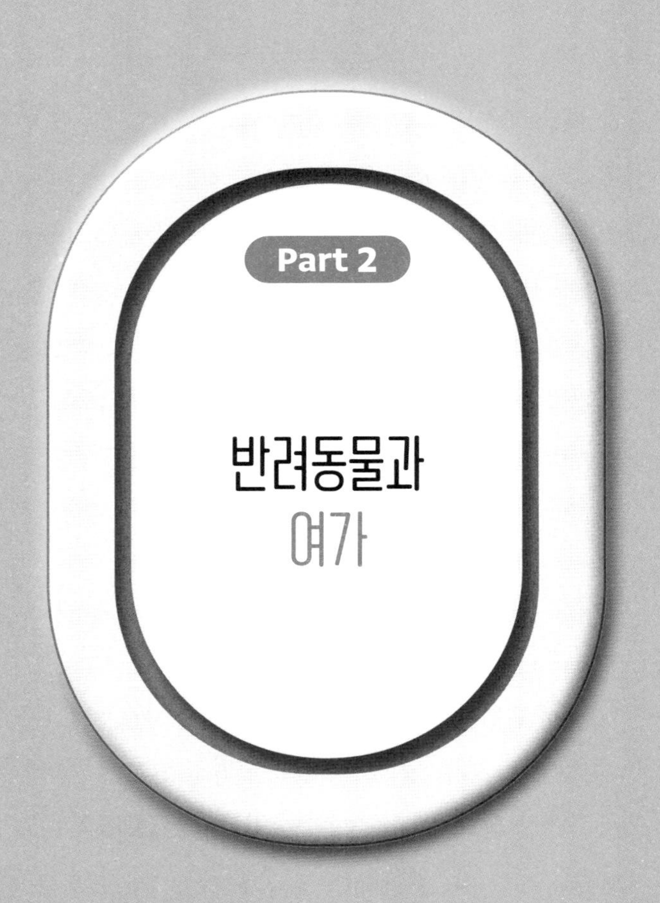

Part 2

반려동물과 여가

지난 2019년 8월 과학기술정책연구원은 '2049년, 일과 여가의 미래'라는 미래연구에서 30년 후에 존재하게 될 일과 여가라는 주제의 보고서를 발행하였다[113]. 이 보고서에 따르면 2030 세대들은 30년 후에도 계속 존재할 미래 여가로 '반려동물과 함께하는 여가'를 꼽았다. 해당 세대를 비롯한 연구 참여자들은 '여가를 보내는 시간에 있어 정해진 시간은 사라질 것'이라며, 앞으로는 '일의 자율성 증가로 여가 시간의 개념이 많이 변화할 것'이라고 주장하였다.

113 과학기술정책연구원(2019), 2049, 일과 여가의 미래 : 인간과 로봇, 경계가 사라지다, Future Horizon: 2019 제 41호, 26-33.

앞서 몇 차례 언급되기도 하였지만, 주 52시간 근무제의 도입과 본인의 행복을 중요시하는 현대인들의 '행복론'은 실제 여가활동의 증대로 이어지기도 하였다. 문화체육관광부가 2019년 국민여가활동 실태조사에 따르면, 2019년의 여가활동은 평일기준 3.5시간으로 전년대비 0.2시간 증가되었다[114]. 또한, 가장 많이 하는 여가생활에 관한 응답으로 '반려동물 돌보기'의 비율이 계속해서 증가하고 있는 추세로 나타났다. 구체적 순위로 살펴보면 TV시청, 게임, 산책 및 걷기, 음악 감상 등에 이어 최근 1년 간 가장 많이 행한 여가활동 중 상위 9위를 차지하기도 하였다. 다시 말해, 여가활동에 소비를 아끼지 않는 가치소비와 높은 질의 여가수준을 원하는 현대인들의 최근의 여가 경향에 '반려동물'이 함께하고 있는 것이다. 이는 반려동물과 더불어 사는 보호자들이 늘어나면서, 자연스레 반려동물과 함께하는 여가활동이 증가한 것이라는 평가도 있다.

이와 더불어 여가문화를 매개체로 사람과 동물이 함께 시간을

2030 세대가 예상하는 30년 후 미래에 존재할 일과 여가

구분	내용
일	경쟁, 돈, 언어의 중요성, 협동, 승진문화, 인성중심, 프리랜서, 구직 등
여가	반려동물, 술, 헬스클럽, 미디어, 유흥, 친구, 개인취향 존중, 게임, 문화와 함께하는 소모임, 취향모임, 심리상담, 맞춤형 여행사 등

[출처] 과학기술정책연구원(2019), 2049, 일과 여가의 미래 : 인간과 로봇, 경계가 사라지다, Future Horizon: 2019 제 41호, 26-33.

보낼 수 있는 방법에 관한 보호자들의 관심 또한 증대되고 있다. 이 같은 반려동물 시장의 증대는 반려동물과의 수준 높고 다양화된 여가로 이어져, 반려동물과의 산책은 물론이고 수영, 서핑, 요가와 같은 운동부터 쇼핑, 미용까지 '이제는 함께하지 못할 것이 하나도 없다'라는 평이다.

'개팔자가 상팔자'란 속담을 넘어 이제는 '개편한 세상'이다.

한 예를 살펴보자. Youtube 채널에 애완견의 한 종류인 '웰시코기'를 치면 '웰시코기 아리'라는 연관 검색어가 상단에 뜨는데, 이 '아리둥절 Ari the Corgi' 채널에서는 천재견 아리와 아리의 소중한 보호자가 함께하는 행복한 일상 이야기가 소개되고 있다. 사실 이 보호자는 20대의 젊은 나이에 갑상선암으로 투병생활을 보내고 있는데, 이 힘겨운 과정에서 아리를 만나 현재는 신체적으로나 정신적으로나 건강을 많이 되찾았다. 이 보호자는 '강아지가 인간의 친구인 이유'라는 제목의 영상 속에서 건강상의 회복을 위해 입양한 아이가 아니었지만, 결과적으로는 아리와의 정서적 교감과 함께한 시간들이 투병생활에 큰 도움이 되었다며 아리에게 고마운 마음을

114 문화체육관광부(2020), 2019년 국민여가활동조사 보고서, 1-508.

밝히기도 하였다. 해당 채널의 영상 대부분은 보호자와 아리의 산책, 식사, 여행 등의 자연스럽고도 즐거운 일상 속 시간들로 가득하다. 여기에서 눈여겨볼 점은 인간 혹은 반려견, 어느 하나만을 위한 시간이 아닌 양쪽 모두 다 행복하게 즐길 수 있는 일상을 함께 보내고 있다는 것이다. 이토록 이질감 없고 모두 함께 행복할 수 있는 일상에는 '펫휴머니제이션[115]'이 큰 영향을 미쳤을 것으로 본다. 이는 반려동물을 인간을 위한 동물, 혹은 소유물로 보는 것이 아니라 생을 함께 살아가는 동반자이자, 하나의 가족으로 받아들인 결과일 것이다. 이처럼 현대인들의 일상생활 속, 반려동물의 의미에도 많은 변화가 생긴 것만은 사실이다.

반려동물 백만 마리의 시대, 펫휴머니제이션을 넘어선 반려동물에 대한 과한 사랑은 팔불출 자랑으로 이어져 '펫부심[116]'으로 자리잡았다. 최근에는 Youtube 뿐만 아니라 페이스북, 인스타그램 등의 SNS에도 자신의 반려동물과 함께하는 일상을 공개하려는 펫팸족들이 넘쳐난다. 이는 자연스레 SNS 속 반려동물에 열광하는 '랜선 집사'들의 등장으로 이어졌다. 이토록 이슈가 되고, 주목받고 있

115 Pet Humanization(펫 휴머니제이션, 반려동물의 인간화)로, 자신의 반려동물을 동물 이상으로 인간처럼 대하고 보살피는 것을 의미.
116 반려동물에 대해 적극적인 애정을 표현하는 동시에 다른 이에게 자랑하는 것을 의미.

는 SNS 속 반려동물과의 인기 콘텐츠가 무엇일지 궁금해진다. 이들의 일상 속으로 들어가 보호자와 반려견이 함께하는 대표적 여가 문화를 살펴보자.

1. 무슨 머리할고냥? 완전히 달라지개! '1+1, 반려동물+보호자 미용실'

홍콩의 한 럭셔리 반려동물 미용샵미용실+쇼핑공간 Shop에서는 반려동물과 나란히 앉아 미용 서비스를 받을 수 있다. 해당 미용샵은 '프라이빗 아이 컨셉 스토어PRIVATE i Concept Store'의 이름을 가진 고급 뷰티 살롱의 서브 브랜드로 헤어부터 네일, 마사지 등의 미용 서비스가 가능하다. 대개의 미용실이 보호자가 미용서비스를 받는 동안 반려동물은 반려동물을 위한 놀이공간에 기다리고 있는 형태이지만, 이곳에서는 바로 옆에서 동일한 서비스 혹은 원하는 서비스를 동시에 받을 수 있다. 또 독특한 것은 고급스럽고 전문화된 미용 서비스를 제공해 주는 미용사의 국적을 직접 선택할 수 있다는 것이다. 뿐만 아니라 이 미용샵은 무려 224평의 넓은 공간에 미용 외의 간식, 의류, 장난감 등의 구매도 가능하도록 시설을 갖추었다. 이곳은 반려동물을 데리고 미용샵을 찾은 이들의 커뮤니티 공간 역할도 동시에 하고 있다. 같은 관심사를 가진 펫팸족들은 이곳을 모임의 장으로 적극 활용하고 있다. 보호자와 반려동물 모두 더 멋진 모습으로, 새로이 태어날 수 있는 공간이 환영 받고 있는 오늘날이다.

2. 건강하개! 운동할고양! '펫터파크, 펫서핑, 펫요가'

반려동물이 인간과의 차별 없이 한 가족으로 받아들여지는 오늘날답게, 운동도 반려동물과 함께하려는 트렌드가 주목받고 있다. 가족과 오래오래 건강하게 함께하고 싶은 보호자들은 반려동물과 함께하는 헬스케어에도 관심을 가지게 되었다. 특히, 견종별 · 묘종별 더 나아가 반려동물별로 가지고 있는 특유의 질병 존재유무가 다르고, 또 운동이 반드시 필요한 경우도 있기때문에 반려동물과의 건강한 라이프스타일을 공유하기 위해서는 헬스케어 또한 필수적이라는 인식이 확대되고 있다. 모든 반려동물이 수영이 가능한 것은 아니지만, 반려동물과 보호자가 함께 교감할 수 있으며, 동시에 유연성과 폐활량을 기를 수 있는 수영이 최근 반려동물 헬스케어를 위한 운동이자 취미로 큰 인기를 끌고 있다. 다만, 해수욕장과 같은 바다의 경우 반려견과의 수영 가능 여부에 관한 명시적 규정이 없다보니 대부분의 보호자들은 반려동물 전용 수영장을 이용하고 있는 실정이다. 2019년 여름에는 반려견과 자유롭게 도심 속에서 워터파크 공간을 즐길 수 있는 '펫터파크' 축제가 열리기도 했다. 능동어린이회관에서 개최된 펫터파크 축제는 남녀노소할 것 없이 반려견과 동반한다면 전연령 참여가 가능하다. 또한, 반려견이 선호하는 음악공연과 교감 프로그램 또한 즐길 수 있다.

SBS TV 동물농장에서나 볼 수 있을 법했던 서핑하는 동물들이 이제는 '펫서핑'이라는 하나의 여가문화로 떠오르고 있다. 심지어

'강아지 서핑 세계 선수권 대회'가 치뤄질 만큼 인기 분야로 성장했다. 최근 미국 캘리포니아주 헌팅턴비치에서 열린 '서프 시티 서프 도그' 서핑대회에서는 견공들끼리 경쟁 혹은 보호자와 짝을 이룬 경쟁 등 총 6가지 종목에서 최고의 서핑견을 뽑는다. 또한, 하와이에서는 서핑을 즐기는 돼지도 있다 하니, 정말 펫 스포츠의 다양성에 놀라지 않을 수 없다. 이 대목에서 디즈니 영화 '모아나'가 떠오르는 사람이 과연 나 하나뿐이랴.

마지막으로 요즘 핫한 반려동물과 함께하는 이색 운동으로는 '펫요가'가 있다. 펫요가는 말하지 못하는 반려동물과의 신체적 접촉을 통해 친밀감 및 애착을 형성할 수 있다는 큰 장점이 있으며 충동 조절, 긴장 완화도 가능해 반려동물을 위한 학습으로도 활용되고 있다. 국외 뿐만 아니라 국내에서도 이미 펫요가는 '도가Doga, Dog Yoga'로 잘 알려져 있으며, 한국에는 한국애견요가협회도 설립되어 있다. MBC 경제매거진M, '은퇴란 없다. 대한민국 1% 희귀직업' 편에서는 도가를 가르치는 도가강사가 1%의 직업군으로 소개되기도 하였다.

3. 반려동물의 쇼핑할 권리, '반려동물 쇼핑 자유 구역'

기존에 반려동물과의 쇼핑은 대부분 쇼핑몰에 존재하는 반려동물 보호소, 호텔 혹은 놀이터에 잠시 반려동물을 맡겨놓은 뒤, 보호자만 쇼핑하는 형태였다. 하지만 반려동물과의 동행 쇼핑에 대한 소비자들의 욕구를 반영하여 아직까지 소수이긴 하지만 반려동물과의 입장 및 쇼핑이 가능한 공간들이 늘어나고 있다. 그 대표적 예로는 미국의 유명 백화점인 노드스트롬, 메이시스 등이 있다. 최근에는 이의 영향을 받아 반려동물과의 동반 출입을 허용하고 있는 쇼핑몰들이 늘어나고 있는 추세이다. 우리나라의 경우, 롯데 프리미엄 아울렛기흥점에서는 점포 전체를 '반려동물 자유 구역'으로 지정하여 식당까지 반려동물 동행이 가능하도록 하였다. 방문 고객들은 고객서비스 데스크에서 반려동물 동행의 편의에 도움이 될 유모차와 이동장 등을 무료로 빌릴 수도 있다. 약 14만 평으로 단일 건물 기준 국내 최대 면적의 쇼핑몰인 하남 스타필드는 국내 최초로 쇼핑몰 내 반려동물 동반 입장을 허용하기도 하였다. '최초'라는 명성답게 하남 스타필드에는 주말이면 무려 약 400마리의 반려견이 방문한다[117]. 반려견과 반려인이 행복한 주말을 보내기 위해 찾는 이곳에선 '미슐랭'이 아닌 반려견들을 위한 특별한 코스요리, '더리얼 개슐랭 식당' 행사가 펼쳐져 이목을 끌기도 하였다.

다만, 안전 또는 위생상의 문제로 반려동물의 동반 입장을 반대하는 일반 고객의 의견도 존재하기에 반려동물 동반 고객과 일반

117 이경혜(2019.08.30.), 펫심 저격 마케팅-'펫 프렌들리' 하세요~!, 매일경제.

고객 모두가 만족할 수 있는 쇼핑 환경 대안이 필요한 상황에 놓여 있다. 이에는 반려동물 동반 탑승 엘리베이터와 일반 고객용 엘리베이터를 따로 구분하여 마련하는 방식과 식당가에서 테이크아웃 후 별도로 식사가 가능한 공간을 제공하는 등의 개선책이 대안이 될 수 있을 것이다.

4. 우리 댕댕이 보고 싶은 거 다 봐~, '반려동물 전용 TV 채널'

전 세계인이 TV 혹은 스마트 기기로 영상 미디어를 시청하는 시대다. 과거 보호자가 영상 미디어를 시청하는 동안 반려동물들은 보호자의 다리 사이에서 조용히 잠들곤 하였다. 하지만 이제는 보호자와 함께 혹은 보호자가 없는 동안에도 반려동물들은 집에서 유익한 시간을 보낼 수 있게 되었다. 미국의 '도그TV'는 보호자가 집을 비울 때마다 나타나는 반려견의 분리불안 증세를 완화하고, 반려동물들의 학습을 도울 수 있는 세계 최초의 반려견 전용 TV이다. 2012년 2월 미국 샌디애고를 시작으로 한국에서는 2013년 12월 첫 방영을 시작하였다. 반려동물의 여가시간을 존중하고 그들의 삶의 질을 높여주고자 만들어진 도그TV는 반려문화의 선진화에 기여하고자 전 세계로 그 시장을 넓혀가고 있다.

미국에 도그TV가 있다면 우리나라엔 '해피독TV'가 있다. 2014년 1월 설립된 해피독 TV는 다양한 주파수와 음악에 따른 개의 반응에 관한 건국대 수의과 공동연구 및 실험 성공과 돼지의 안정을 위한 콘텐츠 개발 공동연구 등의 반려동물 연구로 전문화된 반려동물 전용 방송을 제공하고 있다. 2015년에는 미국 Roku TV에 론칭, 일본 야휴재팬에 서비스를 개시하기도 하였다. 해당 방송은 언제 어디서나 원하는 기기로 만나볼 수 있다. 반려동물 전용 TV채널은 반려동물의 여가생활이 다양화지고, 보다 스마트해지고 있다는 것을 대변해 주는 대표적인 사례이다.

이 외에도 반려동물을 키우고 있는 반려인을 위한 여가활동도 활발하다. 반려동물을 위한 화장품 만들기, 반려동물 초상화 그리기, 반려동물 디저트 만들기 등의 소규모 클래스는 온라인 혹은 스마트폰 어플 등을 통해 쉽게 찾을 수 있다. 또한, 반려인이 없더라도 반려동물 스스로 여가를 즐길 수 있도록 개발된 스마트 장난감도 지속적으로 출시되고 있다. 반려동물 여가상품으로 떠오르고 있는 페비볼Pebby Ball은 반려동물의 장난감이 주 기능이지만, 반려동물의 모습을 기록 및 공유 가능하고 반려동물의 건강 알림장치가 내재되어 있다. 심지어 반려동물이 페비볼을 건드릴 때마다 반려인에게 스마트폰으로 알람이 가며, 양방향 오디오 및 마이크 시스템을 통해 보호자의 목소리 또한 전달할 수 있다. 페비볼은 2020년 7월 기준, 정식 출시를 위해 펀딩 중에 있다.

반려동물이 사회의 한 구성원으로써 삶을 공유하는 시대가 되었다고 해도 과언이 아니다. 이에 발맞추어 반려동물과 보호자가 함께하는 여가 또한 날로 선진화되어가고 있다. 게다가 코로나19로

[출처] 페비볼의 사전예약 사이트 킥스타터(kickstarter) 상품 소개의 한 장면.

인해 반려동물과의 바깥 외출이 어려워지면서 이러한 여가문화는 다소 위축될 것으로 보였으나, 오히려 실내에서 가능한 놀이나 운동으로 전향되어 발전하고 있다. 집에서 반려동물들과 여가를 즐기는 사람들을 '펫콕족'이라고 부르기도 한다. 이제 반려동물은 인간과 떼야 뗄 수 없는 존재가 되었다.

'사람이 죽으면 먼저 무지개 다리를 건넌 반려동물이 마중 나온다'라는 말을 한 번쯤 들어보았을 것이다. 그만큼 반려동물은 우리에게 친구이자, 가족이자, 사랑의 존재로 인식되고 있다. 반려동물과 보호자가 함께하는 현재의 삶이 보다 찬란할 수 있도록 돕고 있는 여가문화의 성장이 고마울 따름이다. 반려동물을 가족의 일원으로 생각하고 그들을 위해 아낌없이 투자하며 그들과 함께하는 일상을 공유하는 반려인들 또한 늘어나고 있다. 특히 반려동물이 영상과 사진의 주인공이 되어, 일상생활과 여가생활을 공유하는 인스타그램 계정들과 반려견과 세계여행기를 담은 유튜버 영상 등은 많은 사람들의 사랑과 공감을 받고 있기도 하다.

이뿐 아니라, 반려동물과의 여행을 돕고 다양한 서비스를 제공하는 스타트업들 또한 주목받고 있다. 코로나로 인해 변화된 펫팸족의 생활과 환경에 대처해 나갈 향후 이들의 성장과 대응 역시 기대되고 있다. 반려동물과 반려인 모두가 행복한 새로운 여행문화가 자리 잡는 그 날이 빨리 다가오길 바래본다.

Chapter 09

B.T.S,

"Best . Travel . South-Korea"

BOARDING PASS

PASSENGER
PLANB

SEAT
20D

DEP.
1:30 PM
15 FEB 2021

B.T.S

"Best . Travel . South-Korea"

FLIGHT
KORLINE

GATE
C21

SEAT
20D

PASSENGER
PLANB

DEP.
1:30 PM
15 FEB 2021

한류의 인기가 아시아를 넘어 세계로 확대되고 있다. '강남스타일'을 유행시킨 가수 '싸이'를 연신 외쳐대던 외국인들은 '방탄소년단', '블랙핑크'를 외치고 있으며, 외국인들이 한국어로 작사된 노래를 흥얼거리는 것을 보는 것이 흔한 일이 되기도 하였다. 이들은 유튜브를 통해 쉽게 한류를 접하며, '한류'라는 대세를 따르고 있다. 또한, 이러한 현상들은 K-POP의 인기를 증명하며 한류문화의 확산에 큰 힘을 싣고 있는데, 최근에는 K-pop뿐만 아니라 영화나 드라마 등의 콘텐츠들도 한류의 인기에 한 몫을 하고 있다.

한국영화 최초로 칸 영화제 황금종려상을 수상한 '기생충'은 탄탄한 스토리와 퀄리티 높은 영상미로 한류문화의 세계적인 위상을 높였으며, 수준 높은 그래픽을 겸비한 게임, 웹툰 등은 IT강국이라는 한국을 재증명하며 세계인들의 관심과 찬사를 받고 있다. 이제 한류는 문화를 넘어 세계인들에게 공감과 영향력을 줄 수 있는 매개체로 자리잡은 것이다. 한류의 문화에 빠진 이들은 자신이 관심있어 하는 한류스타의 생활반경이나 한국의 문화 등을 궁금해 하며 한국을 찾고 있으며, 한국에서의 소비를 아끼지 않는다.

실제로 한국관광공사의 조사결과에 따르면, 2018년 한류관광객 규모는 전체 인바운드 관광객 수의 7.4%인 1,116,422명으로 추정되었다[118]. K팝이나 한류 스타뿐만이 아니라 음식·문화·템플스테이 등까지 '광의의 한류'로 포함했을 때는 그 규모가 인바운드 관광객 수의 55.3%인 855만 3천234명으로 커졌으며, 이들이 2018년 우리나라에서 약 10조 3천억 원88억 4천 8백만달러를 사용한 것으로 나타나 한류의 어마어마한 파급력을 증명하였다. 한류에 관심을 표하며 한국을 방문하는 관광객을 사로잡기 위해 우리나라에서도 많은 노력을 기울이고 있다. 대표적으로 서울시 공식 관광정보 웹사이트인 비짓서울Visit Seoul에는 한류관광에 대한 정보를 K-Pop, K-Drama, K-Food, K-TV Show, K-Beauty로 나누어 한류 추천명소와 투어코스를 소개하고 있다.

서울시뿐만 아니라 여러 지자체에서도 타 국가와 차별화되는 한류콘텐츠로 외국인 관광객 유치에 적극적으로 나서고 있다. 전 세계인의 마음을 들썩거리게 하는 대표적인 한류 콘텐츠드라마, 영화, 음악, 뷰티와 연관된 한류투어를 살펴보자.

K-Drama & K-Movie

영화 '기생충'과 넷플릭스 드라마 '킹덤'이 아시아를 넘어 미국과 유럽에서의 반응이 뜨겁다. 넷플릭스 한국 오리지널 시리즈 '킹덤'은 한국형 좀비 스릴러인데, 조선 시대와 좀비라는 독특한 콘셉트와 왕자의 게임의 정치적 음모, 영화 기생충의 계급갈등, 거기에 좀비의 위협까지 더한 스토리텔링으로 스트리밍 순위 상위권을 차지하며 전 세계 시청자의 사랑을 받았다. 이러한 열풍은 해외 곳곳에서 볼 수 있는데 뉴욕 타임스퀘어와 LA 중심가에 킹덤 시즌 2의 옥외광고를 볼 수 있고 아시아, 중동, 남미에 이르기까지 15개국 이상에서 일간 Top 10 콘텐츠 리스트에 포함됐다[119]. 또한, 한국영화의 위상을 드높인 영화 기생충은 유례없는 수상기록과 함께 한국영화사에 큰 족적을 남겼다. 인간애, 유머, 서스펜스를 넘나드는 복합적인 재미와 정교한 영상미는 관객의 마음을 사로잡기에 충분했다. 최근 '이태원 클라쓰', '사랑의 불시착' 등 여러 한국드라마 또한 태국, 필리핀 등 아세안 대부분 국가에서 큰 화제를 모았다.

K-영화와 K-드라마의 열풍은 여행산업에도 영향을 미쳤다. 영화와 드라마 속에 등장하는 장소는 팬들에게 인증샷 코스로 마치 성지순례길과 같아졌다. 영화 '기생충'의 시작을 알리며 기우가 친구에게 박사장네 과외 아르바이트를 제안받았던 장소인 슈퍼, 박사장네 가족을 피해 기택의 가족들이 도망쳐 내려가는 지하문 터널 계단은 영화 메시지를 상징적으로 보여주는 장소로 주목받고 있다. 이러한 장소와 영화 기생충의 봉준호 감독의 대표작을 느낄 수 있는 투어코스가 개발되었다.

118 한국관광공사(2019), '한류관광시장조사연구'

119 네이버 포스트(2020.03.20.), 할리우드 한복판에 조선 좀비 등장! 뉴욕도 사로잡은 K-좀비 열풍!, 넷플릭스 작성.

또한, 전 세계에 K-좀비 열풍을 일으킨 넷플릭스의 킹덤의 경우, 좀비가 된 왕의 거처였던 경희궁을 중심으로 세자가 중전 계비에게 무릎을 꿇던 장면을 촬영한 창경궁의 통명전 등 드라마 속 장면을 생생하게 떠올릴 수 있는 장소가 많은 관심을 받았다. 덩달아 우리나라 전통소품도 외국인 시청자의 궁금증을 불러일으키면서 한국 여행에 대한 욕구를 일으켰다. 코로나19가 종식되고 전 세계 팬들의 방한을 대비하여 서울시는 영화 '기생충'과 넷플릭스 드라마 '킹덤'의 촬영지와 주변 명소를 엮은 코스와 한류 콘텐츠를 개발했다. 넷플릭스가 한국 콘텐츠 제작에 속도를 내겠다는 방침을 밝힌 가운데, 한류열풍을 일으키는 드라마와 영화가 어디까지 뻗어 나갈지 흥미진진해진다.

K-Pop

MBC 방송프로그램 '어서와 한국은 처음이지'에서 방탄소년단의 노래에 맞춰 춤을 배우는 외국인 관광객의 모습이 흐뭇하면서도 낯설지 않다. 이처럼 K-Pop은 대표 한류 콘텐츠로 뮤직비디오, 화보 촬영지, 아이돌의 고향은 팬들의 성지이자 여행목적지가 되고 있다. 특히, 미국 빌보드를 점령하고 전 세계 팬들의 마음을 사로잡은 월드스타 방탄소년단은 K-Pop을 넘어 이들이 입은 패션, 이들이 먹은 음식, 이들이 다녀간 곳까지 각광을 받고 있다. 방탄소년단이 다녀간 장소에서 인증샷을 남기는 이른바 '방탄투어'가 외국인 관광객들의 트렌드가 되면서 방탄투어를 즐긴 외국인 관광객의 후기가 SNS에 뜨겁게 올라오고 있다. 이에 한국관광공사는 137개국의 22,272명의 외국인 대상으로 'BTS 발자취를 따라 가고싶은 한국 관광명소 TOP 10'를 조사하였는데 그 결과 방탄소년단 앨범재킷 촬영 장소인 강릉시 향호해변 버스정거장이 21.8%로 가장 방문하고 싶은 장소로 나타났다[120]. 그다음으로는 멤버 지민이 다녀간 곳인 부산 다대포해수욕장12.2%, 멤버 RM이 다녀간 담양 메타세쾨이어길12.1%, 방탄소년단 전원이 방문하고 굿즈를 판매하고 있는 서울 라인프렌즈 이태원점11.8% 등을 꼽았다. 이러한 결과는 우리나라 관광활성화에 큰 영향을 미치고 있다. 이에 여러 지자체에서는 방탄소년단을 비롯하여 블랙핑크, 세븐틴, 위너원 등 국내외로 인기를 끌고 있는 아이돌과 연관된 한류명소와 테마코스를 발굴하고, 이를 하나의 코스로 만드는 사업을 추진하여 외국인 관광객 유치에 적극적으로 나서고 있다. 그뿐만 아니라 팬들이 직접 자신이 좋아하는 아이돌이 방문한 곳을 여행코스로 만들어 팬클럽 커뮤니티에 공유하는 적극적인 모습도 볼 수 있다.

120 한국관광공사(2019.07.01.), 외국인들이 꼽은 '방탄투어' 최고 목적지는?, 해외스마트관광팀 보도자료.

전 세계적 코로나19로 인해 국경을 넘는 것은 어쩌면 두려운 일이 되었다. 사회적 거리두기 캠페인에 따라 드라이브스루 쇼핑, 한류스타의 콘서트 및 클래식 음악가들의 연주도 랜선무대로 바뀌었다. 이처럼 코로나19로 바뀐 풍경은 관광산업도 예외는 아니다. 이러한 시대에 '내 아이돌이 직접 설계해준 특별한 여행경로로, 내 아이돌과 함께 떠나는 랜선여행'이 떠오르고 있다. 경기도는 아이돌그룹 에이핑크와 떠나는 경기도 랜선 여행을 선보였다. 에이핑크 멤버별 취향이 고스란히 드러나는 여행 스타일과 여행코스를 담은 영상은 해외 팬들에게는 경기도를 알리고 국내 팬들에게는 아이돌과 함께 떠나는 랜선여행으로 대리만족을 선사하는 효과를 가져왔다. 나의 아이돌의 발자취를 따라가는 여행은 팬들뿐만 아니라 일반 관광객들에게도 또 하나의 새로운 여행문화로 자리를 잡아 가고 있다.

K-Beauty & K-Fashion

K-Pop과 K-Drama 열풍으로 글로벌 패션시장에서 우리나라 '한복'이 주목받고 있다. 4인조 걸그룹 블랙핑크의 신곡 'How you like that' 뮤직비디오는 유튜브 조회수 4억 뷰를 달성해 세계 신기록을 세웠다2020년 8월 20일 기준. 특히, 이 뮤직비디오에서 또 하나 관심을 끈건 개량한복이었다. 블랙핑크의 개량한복을 입고 춤을 추

는 모습은 국내외 팬들의 시선을 사로잡았고 개량한복을 입은 해외팬들의 커버댄스 영상이 쏟아졌다. 이로인해 온라인에서 한복을 구매하려는 해외 팬들의 방문이 하루에 3,000~4,000명씩 이어지고 있다.

또한, 넷플릭스 드라마 '킹덤 시즌 1'이 공개되면서 드라마 속 조선시대 장신구인 한국의 갓, 정자관, 사모 등 주인공들이 쓴 다양한 모자에 대해 외국인 시청자의 호기심을 자아냈다. SNS에 킹덤 속 모자를 쓴 주인공들이 등장하는 장면에 모자의 정체를 묻는 팬들의 포스팅과 감상평이 유행처럼 번졌다. 그중 가장 화제를 모은 감상평은 미국 SF작가인 John Hornor Jacobs가 '우리 영화에 나오는 모자 이야기를 할 수 있을까? 이 다른 모습의 모자들이 무슨의미인지 알려줄 학자가 필요하다'이다. 그 이후, SNS에서는 'Kingdom hat'이 연관검색어에 등장했고 아마존닷컴에서 한국의 갓을 판매하기 시작했으며 한국을 찾은 외국인 관광객들이 한복 대여 시 갓을 찾는 경우도 늘었다고 한다.

K-Pop, K-Drama, K-Movie는 글로벌 뷰티시장에도 영향을 미쳤다. 한국드라마와 음악을 좋아하는 팬들은 자연스럽게 한류스타가 입은 옷과 화장법에도 관심을 가지게 된다. 공항에서 착용한 액세서리, 뮤직비디오 혹은 드라마에 주인공이 입은 패션은 SNS에 어떤 제품인지 어디서 구매할 수 있는지 꾸준히 소개되고 있으며, 간혹 품절로 이어지고 있다. 한류스타의 화장법과 뷰티노하우를 배

우고 직접 화장해볼 수 있는 메이크업 클래스가 있고 SNS에 한류 스타처럼 화장하고 꾸민 게시글도 많이 찾아볼 수 있다.

과거 드라마 '대장금'을 시작으로 주목받았던 K-드라마와 영화의 범위가 최근에는 더욱 확대되었고, K-콘텐츠의 위상도 더욱 높아졌다. 한류는 패션뷰티 시장을 비롯하여 관련된 전 산업에 영향을 미치고 있다. "한류스타의 화장법을 그대로 따라 하고 비슷한 의상까지 장착한 후, 한류스타의 드라마나 뮤직비디오에 나온 장소까지 찾아가 마치 한류스타가 된 것처럼 사진을 찍는 것"이 새로운 형태의 한류 여행 문화가 되었다.

K-TOON

2020년 하반기, 가수 겸 배우 비의 '깡 신드롬'이 화제였다. 2017년 12월 앨범의 타이틀곡인 깡은 당시 큰 성과를 얻지 못했다. 오히려 해당 뮤직비디오가 트렌드와 맞지 않는 실패작으로 내비쳐 비판과 조롱의 대상이 되었다. 월드스타 비가 한순간에 웃음거리가 되는 순간이었다. 하지만 곧 비웃음과 조롱의 댓글은 하나의 '놀이'가 되어 하루에 세 번 '깡'의 뮤직비디오를 재생한다는 '1일 3깡'의 놀이 문화이자 유행을 만들어냈다.

비와 같이 '화려한 조명 아래[121]'의 실존 인물이 아니더라도, '2D' 또한 한류 열풍이다. 현재 2D 만화라 하면, 만화책방에서 한 권씩 빌려 읽는 만화를 떠올리는 이는 그리 많지 않을 것이다. 인터넷 보급과 모바일 환경의 개선 및 발달은 종이 만화 속 2D 인물들을 스마트 기기 안으로 인도했다. 아직 일본이 종이 만화와 애니메이션 분야에서 정상의 자리를 차지하고 있는 것은 사실이나, 국내 만화 또한 전자기술환경의 발달로 '웹툰webtoon'이 빠르게 확산되면서 K-콘텐츠의 세계화에 한몫 하고 있다. '1일 1깡' 못지않은 '1일 1웹툰'의 시대이다. 여기서 웹툰은 한국만화영상진흥원의 2018 〈웹툰, 어떻게 정의할 것인가〉 포럼 자료에 따르면, 웹web이라는 미디어와 카툰cartoon이라는 장르가 결합된 용어로 현재는 앱app을 통해서도 웹툰이 유통되기에 이를 아우르는 용어로 볼 수 있다[122].

국내 웹툰의 가시적 확산을 볼 수 있는 지표인 웹툰 콘텐츠 수출액 또한 증가하고 있다. 한국콘텐츠진흥원이 2020년 1월 발간한 〈2019년 상반기 콘텐츠산업 동향분석 보고서〉에선 2019년 상반기 콘텐츠 매출액은 무려 58조 원으로 전년 동기 대비 매출 3.1%, 수출 6.4%가 증가하였다[123]. 이를 자세히 보자면, 콘텐츠산업 전 분야에서 매출액이 상승하기는 하였으나, 만화가 10.4%로 가장 높은 증가율을 보였다.

121 '깡'의 주요 가사 중 하나.
122 한국만화영상진흥원(2018), 웹툰, 어떻게 정의할 것인가?, 2018 만화포럼 칸.
123 한국콘텐츠진흥원(2020), 2019년 상반기 콘텐츠산업 동향분석보고서.

2019년 상반기 콘텐츠산업 매출 증감률 TOP5

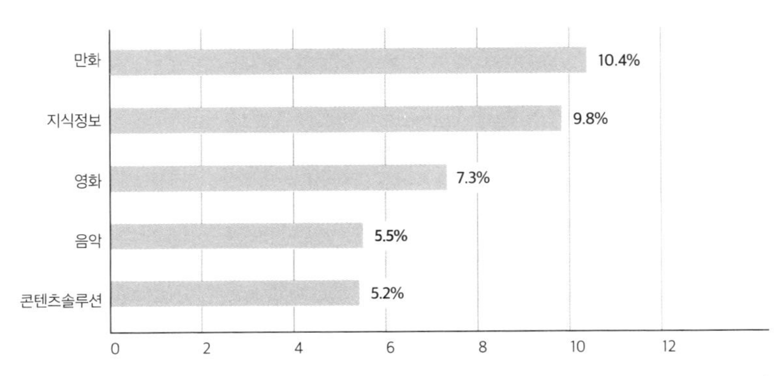

[출처] 한국콘텐츠진흥원(2020), 2019년 상반기 콘텐츠산업 동향분석보고서
(위는 전년 동기 대비 매출 증감률에 따른 순위임).

이러한 콘텐츠산업의 상승세는 코로나19의 장기화에 따른 경기 침체에 영향을 받을 것으로 예상되었으나, 사실상 웹툰 업계에는 별 영향을 주지 못하였다. 오히려 언택트로 이용 가능한 콘텐츠로 효자 노릇을 하고 있다. 코로나19에 대응하여 새로운 콘텐츠 세상을 열어가고 있으며, 국내 웹툰의 글로벌화에 앞장서고 있는 효자 기업들을 소개해 보겠다.

1. 네이버 웹툰

네이버 웹툰은 전 세계 100개국 이상에서 서비스 되고 있는 웹툰계의 글로벌 거인이다. 이는 2020년 4월 23일 네이버가 발표한 2020년 1분기 실적에서도 확인할 수 있다[124]. 매출은 전년 동기 대비 14.6% 성장해 1조 7,321억 원, 영업이익은 2,215억 원, 당기순이익은 54% 성장해 1,349억 원을 기록했다. 또한, 네이버내의 웹툰인 '네이버 웹툰[125]'의 성장에 힘입은 콘텐츠서비스 분야는 전년 동기 대비 58% 증가했으며, 글로벌 월간 활성 이용자수는 6200만으로 그 기세가 무서울 정도이다. 실제로 네이버 웹툰은 세계 100개국 만화 앱 부문 수익 1위구글스토어를 차지하고 있기도 하다[126]. 주요 이용 국가는 태국, 인도네시아 등의 동남아로 네이버 웹툰은 이제 동남아의 한 대중문화로 퍼져나가고 있다.

K-TOON의 인기는 아이돌 못지않다. 2019년 11월, 태국 방콕에서는 네이버 웹툰의 최정상 작가 4명의 사인회가 열리기도 하였다. 해당 사인회에 참석한 국내 작가 4인의 작품명은 작가 박태준의 '외모지상주의', 작가 야옹이의 '여신강림', 작가 민송아의 '이두나!', 마지막으로 작가 령의 '살인스타그램'으로, 사인회 후에는 네이버 웹툰 연재 관련 퀴즈쇼 'Game of Toons'의 행사가 진행되었다. 퀴즈쇼의 예선 접수는 총 41만 건에 달했으며, 약 3천 명의 인파가 행사 관람을 위해 몰렸다. 그야말로 K-TOON의 한류를 실감할 수 있는 행사였다[127].

124 네이버(2020), 2020년 1분기 NAVER 실적발표, IR자료실.
125 네이버 웹툰의 글로벌 서비스명은 '라인 웹툰(LINE webtoon)'으로, 라인은 2011년 6월 네이버가 출시한 모바일 메신저이다. 이 책에서는 국내외의 네이버 웹툰 서비스를 '네이버 웹툰'으로 통일하였다.
126 김정민(2019.12.06.), 어느새 100개국 만화앱 1위...월1억 가볍게 버는 K웹툰 작가, 중앙일보.
127 네이버 다이어리(2019.12.06.), 태국에서 벌어진 '41만 대 1'의 퀴즈쇼 'Game of Toons' 성료!

2. 카카오 웹툰

카카오도 2018년 12월 인도네시아 웹툰 업체인 '네오바자르'를 인수하면서 해외 진출에 가담하고 있다. 카카오의 경우, 네이버와 같이 자체 플랫폼을 통해 웹툰을 수출하는 형태는 아니나 중국의 텐센트, 일본의 픽코마, 미국의 타파스 등과 같은 해외 거대 플랫폼을 통해 K-TOON을 수출하고 있다. 또한, 카카오 콘텐츠 전문 자회사 카카오페이지에서는 '슈퍼 웹툰 프로젝트'를 진행 중으로, 이 프로젝트는 카카오페이지와 다음 웹툰이 작품성, 흥행성을 기준으로 작품을 선정해 2차 콘텐츠로 탄생시키는 웹툰 지원 프로젝트이다. 프로젝트로 선정된 작품으로는 JTBC 주말 드라마로 주인공 박새로이 신드롬을 일으켰던 '이태원 클라쓰'와 미생, 이끼, 내부자 등의 작품으로 유명한 윤태호 작가의 신작 '어린'이 있다.

현재 카카오는 네이버와 같이 자체 웹툰 플랫폼이 상대적으로 확산되지 않았고, 있더라도 안정적인 상태는 아니다. 따라서 우수한 작가들의 훌륭한 작품들이 더욱더 세계에 소개되기 위해선 자체 플랫폼의 확대 및 관리에 주력해야 할 것으로 보인다.

3. 레진코믹스

최근 해외 시장 공략에 열중하고 있는 레진코믹스를 보고 있자면, 위의 네이버와 카카오의 만화 장르가 보수적으로 보인다. 이 기업의 가장 큰 특징은 '선 없는' 다채로운 장르를 공급한다는 것이다.

타 기업들이 제공하고 있는 드라마, 액션, 스릴러, 로맨스 외에 남자들끼리의 사랑을 다룬 보이즈러브Boys Love, BL 개그, 성인 만화 등의 다소 새로운 장르에 주력하고 있는 것이다. 레진코믹스는 이러한 장르를 소비하는 독자들을 '성숙한 독자님들'로 칭하고, 작가의 표현의 자유를 중시해야 한다며 주제와 장르에 관계없이 다양한 작품을 소개하고 있다.

레진코믹스는 2015년 7월 일본 진출을 계기로 2015년 12월 미국시장에서도 글로벌 플랫폼으로써 K-TOON을 알리고 있다. 2018년에는 미국시장 연내 매출 100억 원을 돌파하는 등 새로운 장르의 마니아들에게 꽤 긍정적인 반응을 얻고 있다[128].

코로나19로 인하여 언택트 서비스가 하나의 트렌드로 떠오르고 있는 현재, 스마트 기술로 잔잔히 2D 세상을 전파하고 있던 K-TOON이 언택트 콘텐츠의 한류를 견인해 나가고 있다. 웹툰을 원작으로 드라마 혹은 영화로 새로운 콘텐츠 재생산이 가능한 만큼 K-TOON에 대한 한류의 성장세는 계속될 것으로 예상되는 바이다.

128 정다훈(2019.04.04.), 레진코믹스, 미국시장 단독매출 첫 100억 원 돌파, 서울경제.

K-GAME

대부분은 '한류'의 주역으로 아이돌과 드라마를 떠올릴 것이나, 앞선 웹툰처럼 그 파급력이 알려지지 않은 분야로 'K–GAME', 게임산업이 있다. 한국콘텐츠진흥원의 〈2019년 하반기 및 연간 콘텐츠산업 동향분석보고서〉의 공식적 통계 수치에 따르면, 사실 전 세계에 가장 큰 수출 비중을 차지하는 문화콘텐츠 산업은 게임산업이다[129]. 그 수출액은 69억 8,183만 달러로 우리나라 콘텐츠 수출의 67.2%를 차지한다. 방탄소년단, 블랙핑크 등의 한류의 대표주자인 K–POP 아이돌 그룹의 선전에도 음악산업은 높은 수출액을 기록하긴 하였으나, 게임산업의 10분의 1조차 되지 않는 6억 3,965만 달러로 추정된다. 물론 게임 한류가 점진할 수 있도록 그 길의 시작은 한류 스타들이 열어주었지만 말이다.

K–GAME의 한류의 근간을 다져준 게임들로는 '던전앤파이터', '메이플스토리', '라그나로크', '오디션', '리니지' 등이 있다. 2000년대 초반 초고속 인터넷으로 발전한 해당 게임들은 현재의 게임산업이 세계적으로 떠오를 수 있도록 기반을 마련해 주었으며, 현재는 '배틀그라운드', '검은사막', '서머너즈워' 등이 본격적인 한류를 이어나가고 있다. 특히, 블루홀의 배틀그라운드는 100명이 동시에 접속하여 고립된 섬에서 단 한 명이 살아남을 때까지 치열한 경쟁을 벌이는 서바이벌 게임으로 전 세계 PC게임 판매량 역대 1위를 달성하였다. 출시 13주 만에 누적매출은 이미 1억 달러, 판매량

은 400만 장이었다[130]. 여기서 눈여겨 보아야할 점은 전체 판매량의 95%가 해외인데 미국 24%, 중국 19%, 러시아 6%순이며, 한국이 5.5%이다. '한국에서보다 해외에서 더 잘 나가는 한국게임'인 것이다.

뿐만 아니라, 해외에서 더 잘 나가는 한국게임에 이어 해외에서 더 잘 나가는 '한국 게이머'도 있다. 2020년 1월 1일 방송된 MBC 라디오스타에서는 게임계의 살아 숨 쉬는 전설인 '페이커'가 출연해 시청자들의 관심을 끌었다. 페이커는 세계적으로 유명한 '리그 오브 레전드League of Legends, LOL'의 최정상 선수이다. LOL은 '롤드컵'이라 불리는 월드 챔피언십 대회가 진행될 정도의 인기게임으로 롤드컵은 e스포츠electronic sports[131] 동시 접속 시청자 수와 시청 시간 부분에서 역사상 최고의 기록을 보유하고 있다. 페이커는 롤드컵에서 3회 우승을 차지하였으나, 이러한 페이커의 명성은 사실상 게임에 관심 있는 이들을 제외하고는 우리나라에 크게 알려지지 않았다. 라디오스타의 MC인 김구라, 김국진 등 또한 페이커의 유명세를 알지 못하여 평소 열렬한 팬이던 가수 김희철이 대신 그를 소개하기도 하였다. 국내에서의 유명세에 반해, 세계에서 개최되는

129 한국콘텐츠진흥원(2020), 2019년 하반기 및 연간 콘텐츠산업 동향분석 보고서, 1-196.
130 권오용(2017.06.22.), 블루홀 '배틀그라운드' 누적 매출 1위 달러 넘어, JTBC.
131 컴퓨터 통신이나 인터넷 따위를 통해서 온라인상으로 이루어지는 게임을 통틀어 이르는 말.

2019년 롤드컵의 분당 평균 시청자 수는 2,180만 명에 육박할 정도이다 보니[132], 페이커가 입고 쓰고 먹는 모든 것이 트렌드이자 한류가 되기도 한다. 이로 인해, 글로벌 전역의 각 분야 기업들은 페이커를 홍보 모델로 잡기 위해 혈안이다. 실제 페이커는 국내의 대표 아이스크림인 월드콘, 스포츠 브랜드 나이키, 독일 프리미엄 자동차 BMW그룹과 마케팅 협약을 체결하기도 하였다.

해외에서는 연예인보다 유명하다는 페이커의 인기 실감이 어렵다면, 전 세계인이 이용하는 유튜브에 페이커를 검색해보면 한국 게이머의 인기가 방탄소년단 부럽지 않다는 것을 바로 느낄 수 있을 것이다.

게임 세상에는 해가 지지 않는다. 우리나라는 게임 장르를 선도하는 게임성과 뛰어난 기술로 해외에서 K-GAME의 한류를 이끌어 나가고 있다. 그 한류의 불씨가 게임 세상의 해와 같이 계속하여 이어지기를 바란다.

K-FOOD

한국의 코로나19 사망자가 상대적으로 적은 이유로 '김치'가 거론되고 있다. 장 부스케 프랑스 몽펠리에대 폐의학과 명예교수가 도출한 코로나19 사망자 수와 국가별 식습관 차이 상관관계 연구에서는 한국의 발효된 김치가 ACE2 앤지오텐신 전환 효소2[133]를 억제하여 코로나바이러스를 예방에 도움이 된다고 주장하였다[134]. 이로 인해, 한국의 김치 수출이 늘어날 것으로 예상이 되고 있다. 2002년의 중증급성호흡기증후군SARS, 사스 유행 당시에도 김치가 사스 예방에 도움이 된다는 추측으로 김치 수출이 급상승하기도 하였다. 조만간 김치의 세계화가 다시금 시작될 듯 보인다.

김치처럼 몸에 좋으면 더욱 좋겠지만, 한국 음식에 대한 동경은 대개 한국드라마, 영화, 예능 등의 미디어 속에 비춰지는 한국 문화에 의해 형성되다 보니 떡볶이, 라면과 같은 자극적인 음식이 세계적 열풍이 되기도 한다. 그 예로 영화 기생충의 '짜파구리짜파게티+너구리'가 있다. 2020년 1월 도쿄의 한 식당에서는 '기생충' 개봉 기념 짜파구리 세트 메뉴가 판매되기도 하였으며, 영국 런던 프린스 찰스 시네마에서 열린 기생충 시사회에서는 짜파구리 증정행사가 진행되기도 하였다. 시사회 당시 배포한 홍보물의 뒷장에는 짜파구리 만드는 법이 설명되어 있어 화제를 모았다. 또한, 세계의 인플루언서들이 짜파구리 SNS 인증을 올리면서 인스타그램에 #jjapaguri가 해시태그된 게시물은 5,000건이 넘는다. 짜파구리의 세계적 인기

132 권오용(2019.12.18.), '2019 롤드컵' 분당 평균 시청자 수 2180만명…역대 최고 기록, 중앙일보.
133 ACE2는 사람 세포막에 있는 효소로 코로나바이러스의 경우, ACE2와 결합하여 우리 몸 속 세포로 침투한다.
134 임선영(2020.07.17.), "한국 김치가 바이러스 차단 역할, 코로나 사망자 줄였다", 중앙일보.

[출처] 농심 제공, 짜파구리 제품 소개.

와 섞어 먹는 것에 익숙하지 않은 해외 문화를 고려해 농심에서는 짜파게티와 너구리가 섞여진 짜파구리 컵라면을 정식 출시하기도 하였다.

한국 음식을 대표하는 음식 중 하나인 떡볶이 또한 '두끼 떡볶이'라는 프랜차이즈 덕에 본격적으로 세계화되어 가고 있다. 처음부터 떡볶이의 해외 진출을 목표로 만들어진 두끼는 2014년 12월 고대 안암점에 1호점을 연 후 가맹사업을 전개하였고, 2016년 4월 대만에 1호점을 시작으로 2020년 7월 기준, 오픈 예정인 매장을 모두

합하면 해외 86개점을 거느리고 있다. 해외 86개점 중 40개점 이상의 매장이 위치해 있는 국가인 베트남에서 두끼는 몇 시간이든 기다려야 먹을 수 있는 맛집 중에서도 맛집이다. 두끼 이전에 국내의 인기 떡볶이 업체들이 한류를 꿈꾸며 해외로 진출했었지만 두끼만큼의 성공을 거두진 못했었다. 그렇다 보니, 두끼 떡볶이의 활약은 굉장히 이례적이라고 할 수 있다.

한류의 바람에 음식냄새가 솔솔 나다보니 해외 관광객의 필수 코스로 한국 음식 체험이 꼽힌다. 함께 드라마 속 주인공들이 먹던 한국 음식의 맛을 직접 배울 수 있는 쿠킹 클래스 또한 인기이다. 서울관광재단에서는 서울을 방문하는 외국인 관광객이라면 누구나 신청 가능한 '한류드라마 속 K-Food 쿠킹클래스'를 제공하기도 하였다. 120분 동안 진행되는 클래스에서는 한식 전문 셰프로부터 한국의 맛을 전수 받고 직접 만든 음식을 별도의 공간에서 편안하게 즐길 수도 있다.

다만, 한식의 한류를 악이용하는 업자들로 인해 '어글리 코리아'라는 불명예를 얻고 있기도 하다. 그 대표적인 예인 서울 중구 명동의 길거리 음식은 그야말로 '바가지 가격'이다. 어묵이 개당 2천 원, 키조개 구이 1만 원, 마약 옥수수 4천 원 등 길거리 음식이라고 하기에는 매우 비싼 가격에 한국을 대표하는 음식으로 보기에도 무리가 있다. 유네스코 회관에서 명동 성당까지 이르는 명동 주요 도로, '유네스코길'은 관광객들의 필수 코스이자, 근처 상권은 대한민국 상권 1번지로 쇼핑을 위한 관광객들이 즐비한 곳이다. 현재 코로나19로 인해 전 세계 관광이 활기를 잃은 현재, 명동이 다시 활기를 찾기 위해서 이는 반드시 개선되어져야 한다. 한류는 한국의 이미지이다. 지구 반대편에서도 손쉽고 건강하게 김치, 떡볶이, 붕어빵 모두 먹을 수 있는 그 날을 기다리며, 건강한 K-FOOD 문화의 확산을 기대한다.

앞서 살펴보았듯, 한류는 한순간의 흥행으로 만들어진 문화가 아니다. 한류라는 타이틀 속에 다양한 분야의 전문가 협업과 끊임없는 노력으로 오랜 기간 다져지고 가꿔진 것이다. 한류로 인해 '대한민국'이라는 나라와 아티스트, 다양한 콘텐츠와 기술력을 세계에 알리고 있으며, 한 번쯤 방문해 보고 싶은 관광목적지로서 관심을 유도하고 있다. 한류스타들이 입는 것, 먹는 것, 가는 곳에 열광하며 대한민국에 방문하는 세계의 팬들을 다시 한 번 대한민국에 관광을 올 수 있도록 하는 것은 관광업계에서 지속적으로 관심을 가지고 풀어나가야 하는 숙제이다. 앞으로도 한류로 인한 인바운드 관광객은 더욱 늘어날 것이라 전망되고 있다. 한류와 더불어 대한민국 관광으로 세계인들을 다시금 사로잡을 수 있도록 하는 트렌디한 방안이 필요한 때다.

Chapter 10

관광벤처/관광스타트업,

"관광의 현주소와 미래 관광"

BOARDING PASS

PASSENGER
PLANB

DEP.
1:30 PM
15 FEB 2021

SEAT
20D

관광벤처/
관광스타트업

"관광의 현주소와 미래 관광"

FLIGHT
KORLINE

PASSENGER
PLANB

GATE
C21

SEAT
20D

DEP.
1:30 PM
15 FEB 2021

앞서 살펴본 9개의 관광 트렌드에서 알 수 있듯, 트렌드는 빠르게 변화한다. 특히, 사람들의 관심이나 사회적 분위기에 큰 영향을 받는 관광분야에서, 빠르게 변화하는 트렌드를 인지하고 업계에 적용시키는 것은 어쩌면 가장 중요한 일일지도 모른다.

최근 가장 큰 이슈인 코로나19로 인해 관광업계에도 큰 변화의 바람이 불고있다. 해외여행을 위한 항공업계, 여행사들은 재난상황 속 큰 난항을 겪고 있지만, 매년 증가하던 해외 관광객들이 국내 관광지로 시선을 돌리며 지방의 숙소들은 이른바 예약 전쟁을 겪고 있다.

그렇지만, 세계 전염병 확산으로 관광업계의 타격이 불가피한 이 시점에서도 '언택트'라는 새로운 트렌드가 자리 잡으며 관련 마케팅과 상품들이 빠르게 출시되고 있다.

이처럼 **급박한** 세계적 재난상황 속에서도
트렌드는 **끊임없이**, 그리고 **계속해서 변화**하고 있다.

최근의 관광시장은 4차산업을 주축으로 발전하고 있으며 스마트폰, 인공지능 등 IT기술을 기반으로 글로벌하게 성장하고 있다. 또한, 다양한 관광객의 욕구를 파악하여 이에 걸맞는 서비스를 제공하려는 시도로 스마트한 관광에 관한 관심이 높아지기도 하였다.

이러한 흐름으로 기존의 관광산업에 4차산업혁명기술이 융합되어 스마트관광이라는 새로운 영역이 생겨났으며, 4차산업혁명기술을 활용한 새로운 관광콘텐츠를 개발하는 관광벤처기업이 늘어나고 있다. 현재 1조 원의 가치가 있다고 평가받는 숙박 애플리케이션인 '야놀자'는 관광벤처기업으로 시작되어 현 위치에 이르게 된 대표적인 기업이다. 시대의 흐름인 트렌드와 아이디어를 발판으로 관광벤처기업이 또 하나의 새로운 트렌드를 만들어 가고 있는 것이다. 이렇듯 세계무대로 도약하기 위해 무궁무진한 가능성에 도전하고 있는 관광벤처기업이 미래의 관광을 이끌어 간다 해도 과언이 아니다. 때문에 남들이 하지 않았던 새로운 분야를 개척하고 있는 관광벤처기업의 현 상황을 파악하는 것은 관광산업의 미래를 엿보기 위해서 중요한 부분 중 하나이다.

한국관광공사에 따르면 관광벤처기업은 '관광객에게 새로운 경험과 창의적 관광활동을 제공하는 기업을 육성하기 위해 2011년부터 매년 문화체육관광부와 한국관광공사가 '관광벤처사업 공모전'을 통해 선발하고 있는 기업[135]'이다. 여기서 관광벤처사업은 관광형 벤처기업을 육성함으로써 한국관광산업 경쟁력을 강화하고 관

135 한국관광공사(2017.10.12.), 관광벤처기업과 함께 가을여행주간을 즐기세요, 관광벤처팀 보도자료

관광벤처사업의 유형

관광벤처사업의 유형	정의	예시
시설기반형	사업을 추진함에 있어 활용 가능한 시설 또는 물적 자원을 기반으로 하는 사업	관광벤처형 숙박시설, 생태길, 카누, 목장, 공원 등
IT 기반형	IT를 기반으로 한 관광사업으로 IT 자체를 수익모델로 삼아 부가가치를 창출하는 사업	스마트관광, 소셜플랫폼사업
체험기반형	인식 및 치유의 감성 만족, 타 분야 산업과의 융합, 직접 참여하여 느끼고 공감할 수 있는 체험 중심의 사업	지역축제, 궁중체험, 뷰티케어, 드라마·행사·전시 연계관광 등
기타(아이디어 등)	타 유형에 속하지 않은 창의적인 관광사업	-

[출처] 관광기업지원센터 공식 홈페이지

광분야 일자리 창출을 위한 사업이다. 관광벤처 사업은 위 표와 같이 크게 4가지 유형이 있으며, 관광벤처기업은 기반을 두고 있는 사업이 어느 유형에 포함되는지 분류함으로써 그 정의를 보다 구체화할 수 있다.

기술 및 사회 변화와 더불어 발전하고 있는 융복합 관광사업체인 관광벤처기업은 관광진흥법상 그 어느 분류에도 포함되지 못했다. 이러한 한계점으로 관광사업체 기초통계의 조사범위에 속하지 않아 통계 자료 내 융복합 관광사업체에 관한 내용은 찾아볼 수 없었다. 이와 같은 한계점을 보완하고 빠르게 변화하는 관광환경에 대응하기 위해 2019년 4월 관광진흥법 시행령이 개정되었고 관광편의시설업 내 관광지원서비스업이 추가 및 신설되었다. 관광지원서비스업은 관광진흥법상 주로 관광객 또는 관광사업자 등을 위하여 사업이나 시설 등을 운영하는 업으로 정의되며, 관광진흥법 시행규칙 제14조 1항 4호에 따라 관광벤처기업도 관광지원서비스업으로 등록하고 운영할 수 있게 되었다.

관광벤처기업은 문화체육관광부와 한국관광공사를 중심으로 발굴 및 육성되고 중소기업부, 과학기술정보통신부, 기획재정부 등 여러 부처에서도 함께 육성에 힘을 쏟고 있다. 특히, 문화체육관광부와 한국관광공사는 2011년부터 관광벤처사업 공모전을 통하여 관광벤처기업을 발굴하여 글로벌 스타기업이 탄생할 수 있도록 양적 · 질적으로 지원하고 있다. 2011년부터 지금까지 관광벤처사업 공모전을 통해 742개의 관광벤처기업을 발굴하고 2,151명의 일자리를 창출에 기여했다2020년 8월 20일 기준[136]. 올해 제11회 관광벤처사업 공모전을 통해 119개 사업이 최종 선정이 되었다[137]. 이번에 선정된 사업을 살펴보면 4차 산업혁명 기술과 관광서비스를 결합한 사업, 한국 고유문화와 관광을 융합한 사업, 포스트 코로나 시대에 대응한 온라인을 중심으로 여행 의사를 결정하는 사업 등 최근 관광 흐름을 반영하고 있다. 이렇게 발굴된 다양한 관광벤처기업은 첨단기술, 창의성 등을 기반으로 기존 관광자원에 새로운 가치를 불어넣고 기존 관광사업과 상호작용하여 시너지를 창출하고 있다. 또한, 관광벤처기업의 외연도 점차 확대되고 있다. 코로나19로 침체된 관광시장 속에서도 관광벤처기업의 자생력을 키울 수 있도록 자금조달, 민간투자 활성화에 힘을 쏟는다는 정부계획이 나왔다. 그리고 다른 분야에서 기술을 보유한 벤처기업이 관광으로 영역을 확장하여 판로개척, 컨설팅, 홍보마케팅, 연구개발비를 지원하는 '관광플러스 TIPS Tech Incubator For Startup 프로그램'도 올해 시행되었다. 이렇듯 관광벤처기업의 지원범위가 사업화 자금에서 컨설팅, 교육 등으로 범위가 확대되고 있어 관광벤처기업의 성장을 더욱 튼튼하게 만드는 데 도움이 될 것이라 기대된다. 현재 관광산업을 발전시키는 한 축인 관광벤처기업은 우리나라 관광콘텐츠를 다양화하고 품질을 고도화시키는데 일익을 담당하고 있다. 앞으로 무수히 발굴될 관광벤처기업이 기대된다.

한편, 문화체육관광부는 2019년 세계경제포럼 World Economic Forum의 여행 및 관광산업 경쟁력 평가 결과에서 대한민국의 종합 경쟁력 순위가 140개 국가 중 16위로 나타났다[138]. 이는 2007년 첫 평가 이후 역대 최고의 순위이나, 그 이면을 볼 필요가 있다.

순위는 계속하여 상승하는 추세이나, 사실상 관광부문과 거리가 있는 지표가 전체 순위에 대부분의 영향을 미쳤다. 오히려 가격 경쟁력이나 관광객이 직접 체감 가능한 자연자원의 매력은 세계 최하

136 관광기업지원센터, www.tourventure.or.kr
137 한국관광공사(2020.06.01.), 코로나19 위기극복을 이끌 '관광 분야 혁신'의 주인공을 소개합니다, 관광창업지원팀 보도자료
138 문화체육관광부(2019.09.09.), 대한민국 관광경쟁력 세계 16위, 역대 최고 수준, 관광정책과 보도자료.

관광경쟁력 평가 대한민국 순위 추이

년도	순위
2007년	42위
2009년	31위
2011년	32위
2013년	25위
2015년	29위
2017년	19위
2019년	16위

[출처] 문화체육관광부(2019.09.09.), 대한민국 관광경쟁력 세계 16위, 역대 최고 수준, 관광정책과 보도자료.

위권으로 집계되었다. 뿐만 아니라 '관광정책 우선순위'는 53위의 낮은 순위로 이는 관광산업의 발전에 대한 정부의 의지가 다른 관광 강대국에 비해 그리 높지 않은 것으로 판단된다. 엎친 데 덮친 격으로 세계적인 전염병인 코로나19는 물론 글로벌 OTA들이 국내 시장을 선점 및 잠식하면서 우리나라 관광기업들이 설 자리가 사라지고 있다.

변화가 빠르며 융·복합산업으로 그 시장의 크기가 매우 폭넓은 관광산업의 성장에는 관광벤처기업들이 성장의 기폭제가 될 수 있다. 특히, 위에서 언급한 대로 최근의 관광벤처기업들은 트렌드의 흐름을 읽고 이를 흡수하는 신선한 아이디어로 무장하고 있다. 관광벤처기업들이 미래 관광을 이끌어 나갈 선도기업이 될 것임은 확신하나, 위와 같은 현실적인 문제 극복이 사전에 이루어져야 한다. 이를 위해선 아래와 같은 점들을 고심해 봐야 한다.

1. 관광산업 모르는 관광벤처기업

관광산업은 숙박, 교통, 외식, 문화 등의 다양한 산업으로 구성되어 있어 트렌드 변화에 민감한 특성이 있다. 트렌드에 적합한 아이디어와 열정으로 가득한 관광벤처기업이기에 미래 관광산업에 긍정적 영향을 줄 것으로 고려되나, 관광산업에 대한 이해와 경험이 부족한 경우에 실질적인 장기적 운영과 성과 창출은 어렵다고 볼 수 있다. 특히, 최근의 신생 관광벤처기업들 중에서 기술력은 상당하나 실제 현장에서 필요한 역량은 부족한 경우가 종종 있다. 따라서 관광벤처기업의 생존력을 늘리기 위해선 경제적 투자도 중요하나, 관광업계를 이해할 수 있는 기회를 제공하는 것도 필요하다. 그 예로 기존 관광기업들과 관광벤처기업들이 서로 정보를 교류할 수 있는 장을 마련하는 방법이 있다. 이를 통해서 기존 관광기업들은 새로운 아이디어와 기술을 도입할 수 있는 계기를 갖고 관광벤처기업들은 현실적인 사업모델 구축을 통한 경영 지속 가능성을 높일 수 있는 좋은 기회가 될 것이다. 이러한 두 기업의 만남을 위해서 다양한 형태의 상호교류 기회를 만들어 나가야 할 것이다. 이러한 교류는 한국관광공사 또는 서울시와 같은 정부기관이 운영하는 관광벤처사업의 사후관리 차원에서도 반드시 이루어져야 한다.

현재 관광산업의 트렌드는 관광산업과 첨단기술의 결합 'Travel–Tech'가 부상하고 있으며 VR, AR, AI, 로봇 등이 접목된 관광산업의 디지털 트랜스포메이션이 출현하고 있다. 미래 관광에서는 위의 트렌드를 적용한 콘텐츠 및 관광상품으로 새로운 관광산업 생태계가 조성될 것이다. 그렇기에 이전과 같이 해외 단체관광객에 의존한 양적 성장 보다는 신성장 관광분야의 활성화를 통한 관광산업의 질적 성장을 우선 시 해야 한다. 그러므로 비교적 현장 경험이 많은 기존 관광기업들과 기술력이 높은 관광벤처기업들의 만남은 필수적이다.

2. '제2의 타다 사태', 신규 관광벤처기업과 기존 관광기업의 충돌

산업계에 신(新)구(舊)갈등에 대한 우려가 커지고 있다. 최근 온라인 플랫폼 기반의 신규 기업들이 등장하자 기존 기업들이 현행법상의 규제를 근거로 견제에 나서고 있다. 그 대표적 예가 타다, 우버 등의 공유 모빌리티 플랫폼과 기존 택시기사들의 갈등이다. 국내 기업 타다의 경우, 주요 쟁점은 현행법상 분류의 모호함이었다. 기존 사업의 틀을 깨는 벤처기업들 대부분이 겪는 일이다.

이러한 신규 기업들을 긍정적으로 보자면 미래 산업의 성장에 큰 이바지를 하지만, 또 한 편으로는 '굴러온 돌이 박힌 돌 빼는 격'인데다 실제로 소비자가 신규 기업 쪽으로 등 돌리자 밥그릇마저 빼앗기는 격이기도 하다. 전자정보기술과 유휴 자원을 활용한 공유경제는 관광산업에서 핵심적인 트렌드이다. 여행에서 공유숙박을 빼놓고 논할 수 없을 정도이나, 심지어 우리나라에선 내국인을 대상으로 한 공유숙박 또한 글로벌 거대 OTA기업인 에어비앤비를 포함해 대부분이 불법이다. 정부는 2020년 연내에 관광진흥법을 개정함으로써 공유숙박을 허용하겠다고 하였으나, 영업일을 연간 일정 기간으로 지정하는 제한 조건을 논의하고 있다. 한 대의 차량을 목적지가 같은 여럿이서 같이 타는 카풀carpool 또한 현행법상 평일 하루 4시간만 운영 가능하도록 규제하고 있다. 규제를 넘어 규제인 것이다.

이렇듯 소비자들이 원하는 혁신적 서비스를 제공하는 관광산업 관련 벤처기업들이 기존 현행법상의 분류가 모호해 사업화에 어려움을 겪고, 규제로 인해 서비스의 자율성이 보장되고 있지 않은 실정이다. 혁신 벤처기업들을 울리는 정부의 규제는 여전히 진행 중이다. 이는 어쩌면 앞으로의 미래 관광의 싹을 모두 잘라버리는 것이다. 오히려 선규제보다는 선독려 차원의 지원 사업 및 법안이 기반 되어야 하며, 해외 벤처기업 활성화와 규제 변화 사례를 검토해서 참고할 필요가 있다. 이에는 이해관계자들의 의견이 반드시 반영되어야 하기에, 이를 확인하는 충분한 시간과 기회도 필요하다.

3. 주인공 없는 관광벤처기업 발굴 및 육성

현재 관광벤처기업 유관 기관들은 미래 관광산업의 발전을 도모

하고자 관광벤처기업 발굴 및 육성에 열과 성을 다하고 있다. 다만, 관광벤처기업은 관광산업의 융·복합 특성으로 인해 그 이해관계가 복잡하게 얽혀 있다. 이러한 상황에 이의 균형과 연결을 돕는 컨트롤타워가 부재하다 보니, 위에서 언급한 규제 완화, 법규 재정립 등도 쉽지 않았다. 여기에 더불어 대표적인 관광벤처기업 성장을 돕는 문화체육관광부와 서울시는 독자적으로 관련 사업을 운영하고 있다. 이는 공동의 목표를 가짐에도 화합하지 않아 결국 투자지원이 분산되고 사업 운영상의 효율성이 떨어진다. 특히나 현재 글로벌 OTA 플랫폼들이 국내 관광시장을 잠식하고 있기에 그 경쟁을 버틸 수 있는 관광벤처기업의 등장을 위해선 관련 기관의 긴밀한 협력이 이뤄져야 한다. 오랜 기간 공을 들여 만들어진 관광벤처기업일지라도 어느 순간 갑자기 없어지기 일쑤이다. 치열한 관광시장에 생존하더라도 대부분이 자금난에 허덕이는 영세기업으로 남아 있는 실정이다. 지금과 같이 독자적인 관광벤처기업 발굴 및 육성은 주인공 없는 사업진행일 뿐이다. 미래 관광을 이끌어나갈 주인공을 위해 유관 기관들은 이제 힘을 합쳐야 한다.

다양한 가능성을 향해 도전하는 관광벤처기업을 응원하기 위해서는 정부와 시민들의 열린 사고방식이 필요하다. 기존의 방식을 고수하는 것도 중요하지만, 최신의 트렌드를 적용시켜 수익을 창출할 수 있는 새로운 방식을 도입하는 것 또한 매우 중요하다. 이는 미래 산업을 이끌어 나갈 수 있는 중요한 시발점이 될 것이기 때문이다. 기존 관광업계의 트렌디한 변화와 새로운 관광벤처기업의 무궁무진한 가능성이 대한민국 관광업계를 주도적으로 움직일 것이다.

시대의 흐름에 대처할 수 있는 유연한 사고방식과 트렌디한 기술로
대한민국 관광의 미래를 선도하기 위해 노력하고 있는
수많은 관광벤처기업을 응원한다!

치열한 생존경쟁 속 굳건히 자리매김하며 한 발짝 앞으로 내딛고 있는 관광벤처기업을 소개한다.

다비오

다들 한 번쯤은 복합쇼핑몰, 지하상가, 터미널과 같은 복잡한 실내에서 길을 잃어본 경험이 있을 것이다. 그럴 때면 내 손안의 스마트폰을 믿고 구글지도 혹은 네이버지도와 같은 지도 서비스 app을 켜보지만 내 위치조차 못 찾곤 한다. 참 당황스러운 상황이다. 이렇듯, 우리의 일상은 길라잡이가 되어주는 스마트폰으로 인해 더욱 편리해지고 있으나 늘 한계는 존재한다.

이 한계에 도전한 기업이 바로 '다비오DABEEO'이다. 다비오 지도는 기존에 우리가 이용하던 지도 서비스에 인공지능AI 딥러닝[139] 기술을 접목하여 카메라만 켜면 이미지를 분석해 현재 위치를 알 수

있는 서비스를 제공하고 있다. 뿐만 아니라 실내지도 기술에서 멈추지 않고 위성사진, 항공사진 등을 활용하여 실외지도를 추출하는 기술도 연구 중이다. 다비오는 지도 데이터 외 차량과 건물 등의 데이터도 AI기반 솔루션으로 자동 생성한다. 직접 사람이 수작업을 해야 했던 데이터 입력을 똑똑한 AI가 대신 입력할 수 있도록 기술을 구현한 것이다. 다비오는 최근 인공지능 기술로 국내 국립공원의 생태계를 파악하는 기술을 구축하고, 보다 더 직관적인 서비스를 제공하도록 실내 지도서비스에 AR내비게이션을 구현하는 등 지속적인 연구를 진행해 나가고 있다.

스쿨트립 Schooltrip.kr

"선생님은 더 간편하게! 학생들은 더 안전하게! 업체들은 더 많은 기회를!"

초·중·고등학교에서는 매 학기 수학여행 외에도 다양한 내·외부 체험활동들이 이루어진다. 하지만 이를 준비하는 담당교사는 수

139 다층구조 형태의 신경망을 기반으로 하는 머신 러닝의 한 분야로, 다량의 데이터로부터 높은 수준의 추상화 모델을 구축하고자 하는 기법을 의미. 네이버 지식백과 딥러닝(2020.09.25). Retrieved from https://terms.naver.com

학여행 하나 준비하는데 13단계의 절차와 50여가지 문서를 준비해야 하며 대행업체를 알아보느라 여간 번거로운게 아니다. 더군다나 교사세대의 변화와 김영란법 이후 학교라는 폐쇄적인 곳의 변화가 일어나고 있으나 교육여행 추진 시스템은 기존과 달라진게 없다. 이 문제를 해결하기 위해 설립된 스타트업 ㈜교육여행연구소는 "스쿨트립"이라는 교육여행 콘텐츠 플랫폼을 통해 담당 교사들의 업무부담을 덜어주고 여행사와 서비스 공급자들에게는 홍보 및 판매 기회를 제공하는 등 학교와 여행사를 잇는 가교 역할에 나선다. 학교에서 스쿨트립에 사전질문에 대한 간단한 정보를 입력하면 원하는 여행의 형태 및 목적에 가장 적합한 업체가 연결돼 일정과 비용에 대한 맞춤형 견적을 제시한다. 다수의 전문 업체에서 빠르게 견적을 회신 받아 투명하게 비교 해볼 수 있고, 비대면이라 코로나 시대 서비스로 적합하다는 장점을 갖추고 있다. ㈜교육여행연구소는 스쿨트립 플랫폼 운영 과정에서 수집되는 데이터를 활용해 사용자학교 맞춤형 일정과 견적이 자동으로 생성되는 큐레이션 알고리즘을 개발해 서비스할 계획을 갖고 있다.

올스테이

전 세계 모든 숙박시설을 메타서치[140]로!, '올스테이'

수많은 호텔예약 사이트를 통해 가장 저렴하게 숙소의 예약을 도와줄 수 있는 어플리케이션이 등장했다. 2015년 대한민국에서 런칭한 숙박시설 메타서치 서비스인 '올스테이'가 이 주인공이다. 올스테이는 국내외 호텔예약사이트에서 호텔을 예약하기 위해 제시하는 다양한 금액을 한 화면에 보여주어 해당 숙박시설의 가격을 비교하고 예약할 수 있도록 도와주는 메타서치 서비스이다. 전세계 30여개 여행사와 220만개 숙소의 가격비교를 도와주는 올스테이는 여행객이 숙소의 합리적인 가격을 찾기 위한 검색의 번거로움을 덜어주고 있다. 또한 일반적으로 세금 및 수수료를 더하기 전의 가격을 제시하는 호텔예약사이트와 다르게 올스테이에서 제시하는 가격은 세금과 수수료를 포함한 총 가격으로 세금과 수수료 부과에 익숙하지 않아 당황하는 국내 여행객의 불편함을 해소해 주고 있다. 이렇게 소비자의 입장에서 최선의 선택을 도와주는 올스테이는 여행객들의 편리함을 극대화시켜주고 있다는 호평을 받고 있다.

140 이용자가 원하는 정보를 인터넷 웹상의 각종 검색 결과를 통합해 확인할 수 있는 기술. 쉽게 말해, 한 사이트만의 검색 결과가 아닌 여러 사이트에서의 검색 결과를 '한 번'에 볼 수 있도록 돕는 기술.

한복남

경복궁, 북촌한옥마을, 창덕궁, 한국 민속촌 등을 가보면 한복을 입고 돌아다니는 사람들을 왕왕 볼 수 있다. 관광객들은 한복을 입고 의미 있는 사진을 남기는 등 그곳에서의 관광활동이 더욱 특별한 기억이 될 수 있도록 하는 매개체로서 한복을 대여한다. 이렇게 우리나라 전통의상에 쉽게 접근할 수 있도록 만들어준 기업이 바로 한복 입혀주는 남자 '한복남'이다. 한복남은 관광 한복 대여 사업을 한국에서 가장 먼저 시작한 한복 콘텐츠 기업으로 일상에서 한복을 즐길 수 있는 문화를 만들기 위해 고군분투 중이다.

마이리얼트립

여행자들이 자유여행을 선호하는 이유는 단조로운 유명관광지 위주의 스케줄에 구애받지 않고, 여행지에서 자신만의 특별한 일정을 수행하고 싶어서일 것이다. 마이리얼트립은 기존 패키지 여행프로그램의 정형화된 일정에서 벗어나 현지에서만 즐길 수 있는 '맞춤형 프로그램'을 제공한다. 제주해녀가 해주는 한끼만찬, 현지 아티스트와 함께하는 '뉴욕 박물관 투어' 등 현지인의 일상생활에 녹아든 여행일정에 참여하는 것이다. 마이 리얼 트립의 여행일정은 현지 가이드가 직접 설계하고 비용을 책정하기 때문에 타 여행사들과는 달리 강제쇼핑이 없다. 때문에 여행자는 여행에 더욱 집중할 수 있게 된다. 또한, 최근 코로나19로 인해 제약이 걸린 해외여행을 위한 '현지 라이브 랜선투어'를 선보여 큰 호응을 얻고 있다. 이 여행 상품은 해외에 거주하고 있는 마이리얼트립의 여행가이드가 여행지는 명소 등을 찾아 방송을 하고, 시청자들은 여행을 하는 기분을 느끼며 현지가이드와 실시간으로 소통하게 된다. 이처럼 마이리얼트립은 코로나19와 같은 불가피한 상황의 여행업계 타격을 최소화하기 위한 다양한 여행상품을 지속적으로 개발할 것임을 밝혔다.

경희대학교 스마트관광원

2020년 9월, 미래 관광산업을 이끌어나갈 인재 양성을 목표로 하는 경희대학교 일반대학원 소속의 '스마트관광원'이 첫 개강을 하였다. 현재 우리는 데이터와 기술이 사회 · 문화 전반을 주도하는 변화의 시대에 살고 있다. 이 책에서 트렌드를 이끌어 나가는 기술로 다뤄왔던 IoT, AR/VR, 로봇, 인공지능 등은 이미 우리의 삶에 깊이 스며들었다. 이를 활용한 '관광벤처'기업도 계속하여 새로운 도전을 시도하고 있다.

하지만 앞서 언급한 대로 '관광산업 모르는 관광벤처기업'은 관광산업에 대한 이해와 경험이 부족해 관광시장에서의 장기적인 운영 및 성과 창출을 이뤄내지 못하고 있다. 이에 따라 우리에게 다가온 새로운 세상을 열린 시야로 바라보면서도, 관광과 ICT 기술을 전문적으로 그리고 조화롭게 결합할 수 있는 인재, 말 그대로 'Smart'한 인재 양성이 절실히 요구되고 있다. 그리고 '스마트관광원'이 여기에 '해답'을 주고자 한다.

급변하는 현대사회에 발맞춘 스마트관광원은 4차 산업혁명 시대의 스마트 환경에서 관광산업을 이해하고, 다학제적 학문에 적절한 새로운 방법론을 탐구한다. 이로써 정형화된 관광학 연구에서 벗어난 질적으로 탁월하면서도, 변화에는 적합한 실무적 적용 사례 및 연구를 만들어 나갈 수 있다. 또한, 스마트관광원은 기존의 전통 관광산업을 기반으로 하는 학과 교육내용은 유지하면서도 신기술을 관광 분야에 접목해 융·복합 형태의 교과과정을 제공하고 있다. 새로운 과목 및 연구를 수용할 수 있도록 교수진은 30명 이상의 교수가 대거 참여하고 있다.

다시 말해, 스마트관광원은 관광학의 학문적 정체성을 명확히 하면서도, 산업의 시대 흐름을 반영한 교육과 연구를 제공한다. 궁극적으로는 관광산업의 패러다임을 주도하는 인재를 배출하고자 한다.

불확실한 미래를 예측하고 관광의 기능 및 역할을
다시금 재정립하고 확대해 나가는 스마트관광원은 관광교육 분야의 관광벤처로
앞으로의 행보가 더욱 기대되는 바이다.

참고문헌

국내문헌

권오용(2017.06.22.), 블루홀 &배틀그라운드& 누적 매출 1위 달러 넘어, JTBC.

권오용(2019.12.18.), &2019 롤드컵& 분당 평균 시청자 수 2180만명...역대 최고 기록, 중앙일보.

김경달·씨로켓리서치랩(2019), 유튜브 트렌드 2020, 이은북.

김기정(2020.03.12.), 5060세대 30%가 온라인 쇼핑 이용, 매일경제.

김난도·전미영·최지혜·이향은·이준영·김서영·이수진·서유현·권정윤(2019), 트렌드 코리아 2020, 미래의창.

김미리·이영빈(2019.04.20.), "언제 또 오겠냐" 빡빡했던 일정 → "또 오면 되지" 덜어내는 여행으로, 조선일보.

김미희(2020.10.01.), 마이리얼트립, 해외 현지가이드와 관광한다, 파이낸셜 뉴스.

김보라(2020.06.07.), "알바 없는 블루보틀, 이직률 0%…커피보다 소통을 배운다", 한국경제.

김산환(2003), 여름향기를 찾아 떠나는 여행, 성하출판.

김연하(2019.06.11.), 야놀자, GIC·부킹홀딩스로부터 1억 8,000만달러 투자 유치...유니콘 등극, 서울경제.

김영주(2018.03.18.), &여기어때& 심명섭 대표 &여행은 갔다, 액티비티의 시대&, 중앙일보.

김윤정(2018.03.28.), SNS 자주 사용하는 사람 &우울증& 걸릴 확률 높아, 이투뉴스.

김정근(2019.06.15.), 배우고, 걷고, 쉬고...새로운 시니어 여행 비즈니스, 중앙일보.

김정민(2019.12.06.), 어느새 100개국 만화앱 1위...월1억 가볍게 버는 K웹툰 작가, 중앙일보.

김지훈(2019.09.04.), 현대건설, 아파트브랜드 &디에이치& 전용향 발향기술개발, 포쓰저널.

김진희(2019.05.20.), 반려견 &몰리&는 심심하고, 주인은 배고픈 신세계 스타필드, 인더뉴스.

과학기술정책연구원(2019), 2049, 일과 여가의 미래 : 인간과 로봇, 경계가 사라지다, Future -Horizon: 2019 제 41호, 26-33.

네이버(2020), 2020년 1분기 NAVER 실적발표, IR자료실.

네이버 다이어리(2019.12.06.), 태국에서 벌어진 &41만 대 1&의 퀴즈쇼 &Game of Toons& 성료!.

농림축산식품부(2016), 반려동물 보호 및 관련산업 보도자료.

농림축산식품부·농림수산식품교육문화정보원(2019), 2019 동물보호에 대한 국민의식 조사, 1-108.

대학내일 20대 연구소(2018), 2018 밀레니얼의 식사법 19~34세 식생활 및 식문화 연구보고서, 1-11.

문제일대구경북과학기술원 교수(2019.05.18.), 향기는 기억의 문 여는 열쇠, 조선비즈.

문화체육관광부(2019.09.09.), 대한민국 관광경쟁력 세계 16위, 역대 최고 수준, 관광정책과 보도자료.

문화체육관광부(2019), 2018 외래관광객 실태조사.

문화체육관광부(2019), 2019 국민여가활동조사.

문화체육관광부(2020), 2018 관광사업체조사.

문화체육관광부(2020), 2019년 국민여가활동조사 보고서, 1-508.

박진채(2013.08.29.), 액티브 시니어(click 경제교육), KDI 경제정보센터.

방송통신위원회(2019), 2019 방송매체 이용행태 조사.

백주원(2020.02.16.), 승차공유서 항공권 예약까지 국내도 &MaaS시대& 열린다, 서울경제.

삼성경제연구소(2012), 실버세대를 위한 젊은 비즈니스가 뜬다, CEO Information: 2012 제 869호.

삼정KPMG(2020), 코로나19에 따른 소비 트렌드 변화.

서미영(2020.01.16.), 2020년 설 연휴 여행 트렌드...1인 항공권 예약 비중 50%, 혼행족 여행지 1위는 -&방콕&, 조선일보.

서영준(2020.04.12.), 집콕족, 통신사 실감형 서비스에 푹빠졌다, msn뉴스.

소셜러스(2020). 2019 한국 유튜브 데이터 인사이트 분석 보고서.

스카이스캐너코리아(2018.07.09.), 오늘 에펠탑 앞에서 같이 저녁 드실 분 쪽지 주세요, 스카이스캐너 -회사소식.

신동훈(2017), 여기어때, 펫팸족이 극찬한 전국 반려동물 동반 숙소 공개, CCTV뉴스.

신선진·김성혐·노희섭·구철모(2018). &4차 산업혁명시대의 스마트관광 생태계 고찰 -제주특별자치도 사 -례를 중심으로-&, 기업경영연구, 25(6), 2-17.
신한카드 빅데이터 연구소(2020), 펫코노미 시대, 반려동물과 가족이 되다.
심지우(2017.03.15.), 나도 혹시, '카.페.인' 우울증?, 와이드뉴스.
야놀자(2020.06.19.), 야놀자 여행대학, &시니어 꿈꾸는 여행자 과정& 서울·원주·군산 수강생 모집, 야놀자 홍보팀 보도자료.
엄금희(2019.10.06.), 한국 찾은 외국인 액티비티 현황 분석, 트래블데일리.
오승혁(2019.10.02.), [2019 국감] 예산 9억6500만 원, 구독자 18명...공공기관 유튜브 채널 운영실태, -한국금융.
오픈서베이(2020), 모빌리티 트렌드 리포트 2020.
오픈서베이(2020), 소셜미디어 및 검색포털 트렌드 2020.
오픈서베이(2019), 취미생활·자기계발 트렌드 리포트 2019.
와이즈앱·와이즈리테일(2020), 한국인이 가장 많이 사용하는 앱.
이병호(2020.01.20.), 야놀자, KTX연계 숙박 레저 예약 서비스 출시, 라이센스뉴스.
이진영(2019.10.11.), 페이스북 &워치& 월사용자 7억명...올해부터 창작자 수익배분 본격화, 뉴시스.
이경혜(2019.08.30.), 펫심 저격 마케팅-&펫 프렌들리& 하세요~!, 매일경제.
이광재(2020.03.12.), 베이비붐 세대(55~63년생)도 &스마트 컨슈머& 되다, 파이낸셜신문.
이소영(2019.11.21.), &혼행족&을 위한 프리미엄 여행 동행 서비스, 트래블메이커, 중앙일보.
이코노미스트, 다니엘 프랭클린(2017), 메가테크 2050, 한스미디어.
익스피디아(2019), 즉흥여행 수요와 구매 트렌드 설문조사.
인터파크투어(2019.03.04), &한 달 살기& 열풍에 인기 여행지 분석, 인터파크 보도자료.
임선영(2020.07.17.), &한국 김치가 바이러스 차단 역할, 코로나 사망자 줄였다&, 중앙일보.
임태훈(2017.05.25), 대한항공, &스카이펫츠& 런칭, 뉴시스.
임윤정(2007), 카페도쿄, 황소자리.
임원철(2013), 향수 그리고 향기, 이다미디어.
잡코리아X알바몬 통계센터(2019). 반려동물 키우는 직장인 10명중 9명 '펫팸족'.
정다훈(2019.04.04.), 레진코믹스, 미국시장 단독매출 첫 100억 원 돌파, 서울경제
조성신(2020.06.23.), 올여름 반려동물과 함께 &펫캉스& 어때?...소노펫클럽&리조트 내달 10일 오픈, 매일경제.
조성신(2017.11.13.), 해외 여행객 급증 속 올해 여행트렌드 10대 키워드는?, 매일경제.
조용철(2019.11.27.), "그냥, 훌쩍 떠난다" 한국인 여행객 91%, 즉흥여행 경험 있다, 파이낸셜뉴스.
조유빈(2020.02.24.), [BTS 혁명] "방탄소년단 효과"로 주목받는 한국의 관광 명소들, 시사저널.
차민경(2019.01.21.), [커버스토리] 여행 마케팅의 현재 긴가민가 영상 마케팅, 지금 준비해야 늦지 않아요, 여행신문.
최인수·윤덕환·채선애·송으뜸(2019), 2020 트렌드모니터, 시크릿하우스.
컨슈머인사이트(2019), 주례 여행행태 및 계획조사.
통계청(2019), 온라인쇼핑동향.
한국관광공사(2017.10.12.), 관광벤처기업과 함께 가을여행주간을 즐기세요, 관광벤처팀 보도자료.
한국관광공사(2019), 한류관광시장 조사연구.
한국관광공사(2019.07.01.), 외국인들이 꼽은 '방탄투어' 최고 목적지는?, 해외스마트관광팀 보도자료.
한국관광공사(2020.06.01.), 코로나19 위기극복을 이끌 &관광 분야 혁신&의 주인공을 소개합니다, 관광창업지원팀 보도자료.
한국만화영상진흥원(2018), 웹툰, 어떻게 정의할 것인가?, 2018 만화포럼 칸.
한국보건산업진흥원(2015), 고령친화산업 시장 동향, SFIR: 2015 제1호, 1-19.
한국콘텐츠진흥원(2020), 2019년 상반기 콘텐츠산업 동향분석보고서, 1-192.

한국콘텐츠진흥원(2020), 2019년 하반기 및 연간 콘텐츠산업 동향분석 보고서, 1-196.
한기훈(2019.04.13.), 숙박앱 &여기어때&, 2년 동안 3배 성장...2018년 거래액 전년比 42.9%, 매출 -32.5% ↑, BIZWORLD.
허경구(2016.09.01), &지구촌 반려동물 시장 쑥쑥&, 국민일보.
황원경·정귀수·김도연(2018), 2018 반려동물보고서-반려동물 연관산업 현황과 양육실태, KB금융그룹
GKL사회공헌재단·캠핑아웃도어진흥원(2020), 캠핑산업현황 통계조사 보고서.

국외문헌

BlogKens(2019), All YouTube Video Statistics of 2018.
Hootsuite(2020), Youtube Stats for 2020.
Pixability(2018), In-Flight Viewing.

사이트

관광기업지원센터, www.tourventure.or.kr
네이버 지식백과, https://terms.naver.com
네이버 카페, https://cafe.naver.com
네이버 포스트, https://m.post.naver.com
두산백과 반려동물(2020.06.01.). Retrieved from https://www.doopedia.co.kr/index.do
로드스칼라, https://www.roadscholar.org
리얼월드, https://www.realworld.to
모어댄어카페, https://www.mather.com/mathers-more-than-a-cafe
버터필드&로빈슨 공식 홈페이지, https://www.butterfield.com
유튜브, https://www.youtube.com
요트탈래, https://www.yachttale.com
와이즈앱, https://www.wiseapp.co.kr/app/rank
프립,https://frip.co.kr
EatWith, https://www.eatwith.com
KBS, https://www.kbs.co.kr
Kickstarter, https://www.kickstarter.com
Pixabay, https://pixabay.com.
Statista, https://www.statista.com
tr,iip, http://flight.ssg.com
Visit Seoul, https://www.visitseoul.net

인스타그램

메종드글래드호텔 공식 인스타그램(@maisonglad).